HISTOIRE

DE

SORNÉVILLE

En Lorraine

ET DE

JEAN AUBRY

Capitaine de Grenadiers

SOUS L'ANCIEN RÉGIME

Par B.-O.-E. NOEL

Directeur honoraire d'Ecole normale

EDG. THOMAS
RUE SADI-CARNOT, MALZÉVILLE
1899

Errata

Histoire de Sornéville

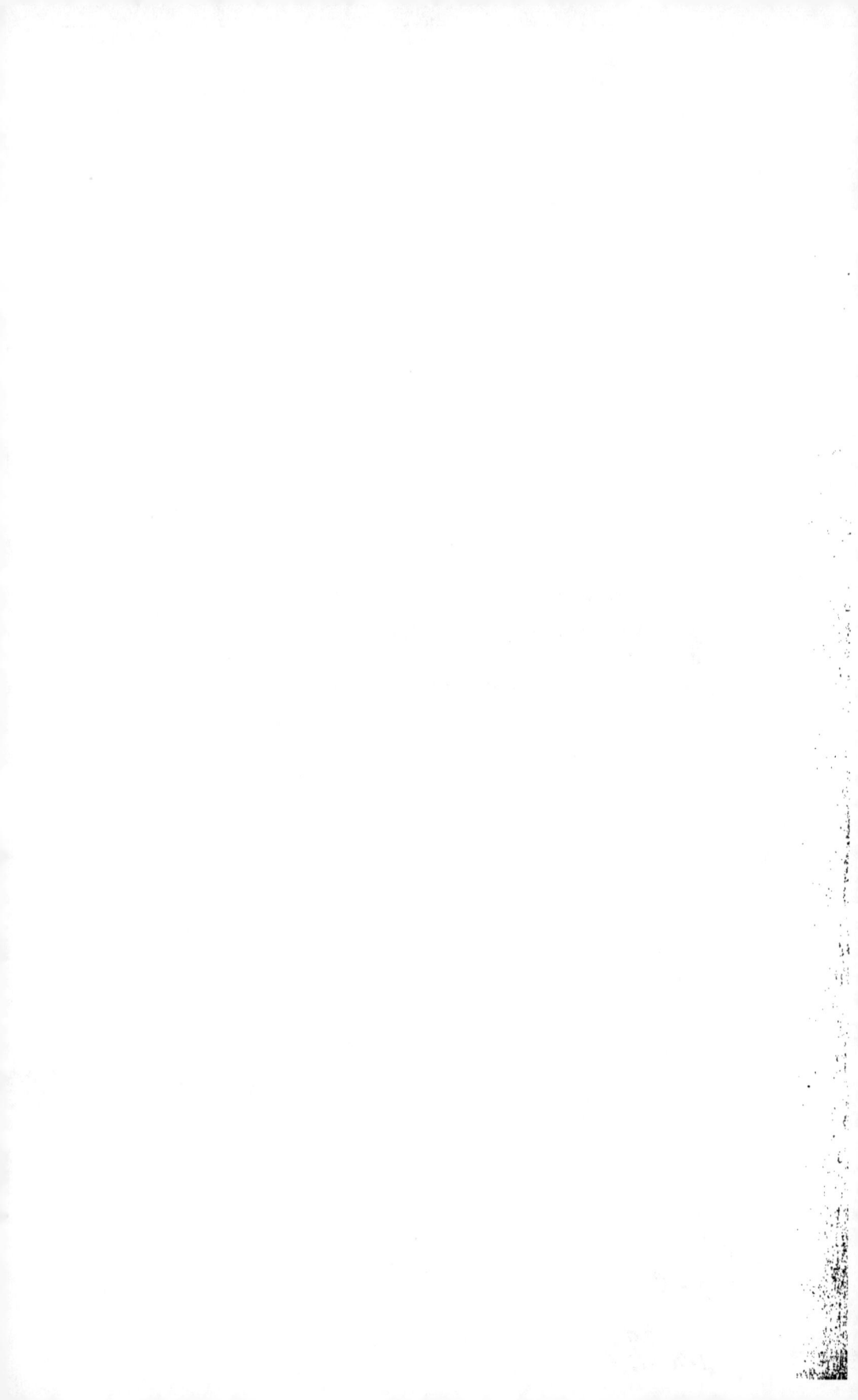

HISTOIRE

DE

SORNÉVILLE

En Lorraine

ET DE

JEAN AUBRY

Capitaine de Grenadiers

SOUS L'ANCIEN RÉGIME

Par B.-O.-E. NOEL

Directeur honoraire d'Ecole normale

———

Edg. THOMAS

Editeur

RUE SADI-CARNOT, MALZÉVILLE

—

1899

PRÉFACE

~~~~~~~~

ON vénéré grand-père, Pierre Gallier, mort
en 1852, à l'âge de 90 ans, à Sornéville, où
il était né et où il fut, pendant plus de
60 ans, membre du conseil de Fabrique,
aimait m'entretenir, lorsque j'avais une
quinzaine d'années, de tout ce qui avait pu être
digne de remarque en cette localité, avant la
Révolution.

J'étais très avide d'entendre ce qu'il me racontait des
usages, des *coutumes* et des hommes du *temps passé*,
depuis l'arrivée en Lorraine de Nicolas Gallier, son
aïeul, habile tisserand venu de Picardie, en 1705. Une
foule d'artisans renommés avaient été attirés, par le bon
duc Léopold, dans les villages presque déserts de son
duché, pour y rétablir et y propager la petite industrie.

J'ai pris et rédigé, il y a plus de cinquante ans, sous
la dictée et le contrôle de mon aïeul, des notes très
précises dont je me suis servi pour écrire l'ouvrage que
j'offre aux habitants de Sornéville et à tous les hommes
qui aiment revoir les choses du *vieux temps*.

Toute la *première partie* de cet ouvrage se rapporte
à l'histoire et aux coutumes d'une paroisse qui, de longue date, comptait parmi les plus importantes seigneu-
ries du pays.

L'officier dont j'essaye de faire connaître la biogra-graphie, dans la *seconde partie*, était fils d'un pauvre paysan qui avait été pâtre communal jusqu'au moment de son mariage et qui, ensuite, avait été reçu maître cordonnier dans son village, où il jouit, toute sa vie, de la considération générale. Il y devint *Echevin de ville* et y remplit même, pendant plusieurs années, les fonc-tions de *maire*.

Dans la *troisième partie*, je reviens aux us et coutu-mes d'autrefois, tout en donnant le récit des faits passés à la fin du XVIIIe siècle dans la localité.

Le récit des faits que j'expose est authentique. Mon aïeul, de qui je les tiens, était contemporain de la plu-part des personnages que j'ai mis en scène. Il fut, vingt ans, l'ami intime de Jean-Joseph Aubry. Le maître d'école, ou *régent*, Joseph Thomas, qui était venu en aide à ce dernier dans ses études, était parent, par sa femme, de Pierre Gallier, — ainsi que Quirine Rou-gieux, mère du capitaine.

Mon très vénérable grand-père avait conservé, jusqu'à son dernier jour, la mémoire fidèle des évènements dont il avait été témoin, et des récits qui lui avaient été faits, autrefois, par Jean-Joseph Aubry lui-même, et par le gendre et le beau-fils de ce dernier : Jean-Claude Lemoine et Louis Lallement.

J'ai connu moi-même plusieurs des amis d'Aubry.

C'est après avoir recueilli les témoignages véridiques de ces bons campagnards du vieux temps que j'ai résolu d'écrire la brochure qu'on va lire.

J'ai consulté les registres de l'état civil de la com-mune. Toutes les dates que je donne sont exactes ; on peut les vérifier. Il en est de même des faits de guerre que j'ai rapportés : il est facile d'en prendre connais-sance dans les ouvrages spéciaux.

Pour ce qui a rapport aux usages et aux grades dans l'armée, — de 1750 à 1759, — j'ai eu la bonne fortune de pouvoir consulter un ouvrage fort rare, édité en cette année 1759, et qui m'a été communiqué par un ami très obligeant, bibliophile très judicieux, M. Willemann, de Maxéville. Ce livre est le *Dictionnaire militaire portatif*, etc., en trois volumes, dédié à S. A. Sérénissime Mgr le prince de Turenne, Maréchal des Camps et Armées du Roy, Colonel général de la Cavalerie légère.

J'ai reçu également de précieux renseignements de M. Noirot, maire, et de M. Ferry, instituteur de la commune de Sornéville.

J'exprime ici toute ma reconnaissance aux personnes qui ont bien voulu me venir en aide pour faciliter ma tâche.

Nancy, mars 1896.

E. NOEL.

~~~~~~~~

PREMIÈRE PARTIE

Mœurs et Coutumes villageoises

~~~~~~~~~~~~~~~

I

Un village lorrain au XVIIIᵉ siècle

A droite de la route nationale qui va de Nancy à Sarreguemines, à une demi-lieue de Moncel, dernière commune française avant la nouvelle frontière tracée par les Allemands ensuite de la funeste guerre de 1870, s'étend le joli village de *Sornéville*. Il est bâti sur un plateau peu élevé, s'inclinant en pente douce vers l'Ouest.

Cette localité est entourée de jardins potagers et fruitiers, au-delà desquels se déroulent, jusqu'aux limites de l'horizon, des champs au sol calcaire et très fertiles, des prairies et des vignes. Elle compte aujourd'hui près de 500 habitants, tous artisans, cultivateurs ou vignerons. On n'y trouve rien de la grande industrie.

Malgré sa désinence romaine ou latine, Sornéville, ainsi que Hoéville, commune voisine, à une lieue vers le sud, est d'origine celtique. Ce sont des lieux très anciens.

Par la tradition, on sait qu'entre les deux localités, dans une gorge boisée et de sauvage aspect, il y eut une *station druidique*. Le souvenir en est conservé par quelques vestiges restés debout, et par le nom donné, de temps immémorial, à une source naturelle, la *Pierre-Levée*. On désigne ainsi, dans notre vieille Lorraine, les monuments gaulois qu'on nomme *dolmens* en Bretagne : énormes pierres plates et horizontales, placées sur d'autres pierres plantées verticalement. Les premières sont d'immenses tables sur lesquelles les *Druides* offraient de sanglants sacrifices à leur dieu Esus, génie redoutable des batailles.

A l'époque où commence notre histoire,— vers 1750, Sornéville et son territoire étaient presque complètement cernés par les bois de *Michemont*, ou *Humémont*, la *Champelle*, la *Goutte, Saint-Jean, Morel*, les *Cent-Chênes*, le *Grand-Velle, Macly-Fontaine*, la *Fourasse*, et les *Fourneaux ;* par les forêts de *Faux* et de *Bezange*, — les taillis et bosquets de la *Xavée, Hailly-Fouillis, Darifosse*, des *Quarts* et de la *Trisolière*.

Sur cet ensemble, la communauté des habitants jouissait, en toute propriété, d'une étendue de 726 arpents, d'après le plan topographique dressé en 1694.

Avec cette belle et lointaine ceinture de chênes, de hêtres, de charmilles ; avec ses jardins remplis de grands arbres fruitiers ; ses champs couverts de riches et blondes moissons ; ses vertes prairies et ses vignes, — le village avait l'aspect d'une véritable oasis sur les confins de la Lorraine.

On y vivait pauvrement, — mais librement aussi.

Le seigneur du lieu était alors messire *Henri-Denis de Baudouin*, chevalier, Commissaire-Ordonnateur des guerres au département de la haute Alsace. Il venait passer seulement une partie de l'année, — à cause des exigences de sa charge, — dans le manoir seigneurial.

Henri-Denis de Baudouin était originaire de Martigny-les-Metz. Son aïeul, Denis de Beaudouin, y avait obtenu confirmation de sa noblesse, sur le rapport des maréchaux de Lorraine et Barrois, par lettres souveraines données à Nancy le 19 juillet 1627. Ces lettres portaient :

« Que *Florentin de Baudouin*, aïeul de Denis, a tou-« jours été tenu pour noble, — de même que *Claude*, « fils de Florentin, et *François*, dit de *Dombasle*, frère « germain de Claude et oncle paternel de l'impétrant. »

Denis de Baudouin, l'aïeul de Henri-Denis, avait un frère, *Claude*, établi à *Pargney-sur-Meuse*, grand-oncle, par conséquent, du seigneur de Sornéville (1).

Cette belle terre avait été acquise de *Louis Racle*, dont le père, Jean Racle, graveur de la *monnoye*, fut anobli le 3 mars 1653, par Charles IV, duc de Lorraine.

De sa femme *Jeanne Cheminot*, Jean Racle avait eu huit enfants. Le second, Louis Racle, seigneur de *Sornainville*, avait épousé *Suzanne de l'Espingale d'Aümâle*.

Messire de Baudouin était marié, en premières noces, à noble demoiselle *Henriette-Marie Berthelot de Pleneuf*, d'une ancienne famille de Bretagne. De ce mariage, il restait deux enfants ; une fille, *Françoise-Louise-Renée*, et un fils, *Denis-Pierre*.

La seconde femme, issue d'une antique et noble famille de Lorraine, fut *Marie-Françoise de Rutant*.

Il y avait alors, au service de Sa Majesté, des Commissaires-*Ordonnateurs*, des Commissaires *ordinaires*, et des Commissaires *provinciaux* des guerres. Les uns et les autres étaient chargés, par leur emploi, de passer la revue des troupes, de veiller au bon ordre et à la discipline, et d'en rendre compte à la Cour.

Les *Commissaires-ordonnateurs provinciaux*, charge dont le chevalier de Baudouin était investi, furent créés en titre d'office en 1635, par Louis XIII. Ce grade était accordé en considération des services rendus par les Commissaires *ordinaires* ou les *provinciaux*.

(1) Trésor des Chartes, f° 97, registre 1627.

Ils étaient distingués de ceux qui n'avaient pas les deux titres : *ordinaire ordonnateur, ou provincial ordonnateur*, pour ce qui regardait les appointements, les fourrages et les autres émoluments (1).

Dans une place, ils étaient chargés, préférablement aux autres *Commissaires*, de l'hôpital, du logement des troupes, des vivres et des fourrages, de l'entretien des casernes et des bâtiments du roi. Ils arrêtaient les états des entrepreneurs, faisaient les procès-verbaux, etc.

Pendant un siège, renfermés dans la place, ils se chargeaient des distributions, de l'hôpital, de tous les états de dépenses.

Dans un camp, ils faisaient préparer toutes les fournitures nécessaires au campement et pourvoyaient à la subsistance. Ils remplissaient les fonctions d'intendants d'armée quand ceux-ci étaient absents, ou empêchés par force majeure. Ils étaient, en résumé, intendants militaires, mais avec des attributions plus étendues qu'aujourd'hui.

Les Commissaires-ordonnateurs-provinciaux avaient, à l'exclusion des Commissaires-ordinaires, le *droit de serment* des officiers des troupes cantonnées dans leur circonscription. Ils jouissaient, pour eux et leurs veuves, de tous les mêmes droits, exemptions et privilèges accordés aux Commissaires-ordinaires suivant l'édit de 1691.

Ils acquéraient la qualité *d'écuyer*, et faisaient souche de noblesse après vingt ans de service (2).

---

(1) Dictionnaire-militaire : copie textuelle.
(2) Le droit de serment était fixé, par le roi, à :
50 livres pour chaque colonel ou mestre-de-camp, cavalerie ou infanterie ;
45 livres pour chaque colonel de dragons ;
40 par lieutenant-colonel ou major, et par capitaine de cavalerie ;
36 par lieutenant-colonel de dragons ;
30 par capitaine et aide-major d'infanterie ; aide-major et lieutenant de cavalerie ;
25 par lieutenant ou aide-major de dragons ;
20 par lieutenant d'infanterie ou cornette de cavalerie ;
18 par cornette de dragons ;
15 par sous-lieutenant ou enseigne d'infanterie.

En toute occasion, ils avaient le pas après les gou-
verneurs, les commandants de place, et se tenaient
constamment à la gauche du commandant d'un régiment ou d'une troupe en marche.

Ils prêtaient eux-mêmes serment devant les maréchaux
de France.

C'était donc une charge importante et largement
rétribuée, que remplissait le chevalier de Baudouin.

Madame Françoise de Rutant, sa seconde épouse,
préférait le séjour de Sornéville à tout autre. Elle le
quittait rarement et y recevait souvent ses amis. Pendant
ces jours de liesse, elle n'oubliait jamais les enfants
des familles pauvres qui vivaient sur sa belle terre.
Chaque fois qu'elle avait des invités de haute marque,
une longue table était dressée, pour les petits paysans,
dans le large vestibule du château. Elle leur servait elle-
même, accompagnée de sa belle-fille Renée, les reliefs
du festin, continuant ainsi les traditions de Henriette
de Pleneuf.

Dame Baudouin connaissait tous les habitants de son
domaine. Elle avait de fréquents rapports avec eux, se
plaisant à visiter les malades, à venir en aide aux plus
pauvres, à soulager toutes les infortunes.

Une foule d'anecdotes, toutes à la louange des deux
châtelaines, se racontent encore aujourd'hui dans les
vieilles familles du pays. Il en est d'émouvantes ; mais
aussi de gaies. En voici une de ces dernières.

Un jour, à table, les nobles hôtes parlaient des dernières guerres de Louis XIV, auxquelles plusieurs d'entre eux avaient certainement pris part. Ils exaltaient les
mérites de Villars, nommé maréchal de France par ses
soldats, et fait *duc* par le roi en 1715. Comme le fait
que nous rapportons se passait en 1750, il y avait seize
ans que le vainqueur de Denain était mort. Son nom,
toutefois, était resté populaire dans l'armée française.

— « Si vous le désirez, dit tout à coup dame Fran-
« çoise je vous ferai voir le maréchal en chair, et en os,
« et bien vivant, je puis vous en donner l'assurance. »

— « Comment serait-ce possible ? répliqua le comte
« de Chabo ; il repose dans la tombe depuis près de dix-
« sept ans ! »

La noble hôtesse donna des ordres à ses gens, à voix
basse. Une demi-heure plus tard, apparut, dans la
salle où se tenaient les convives, un ouvrier campagnard
d'une cinquantaine d'années, son bonnet de laine à la
main, la figure noircie par la fumée et la suie. Il portait
une longue veste sans manches, des culottes courtes
en gros *droguet,* un tablier de cuir attaché à la ceinture par une agrafe en fer, ayant de lourds sabots aux
pieds.

— « Bien le bonjour, et à votre compagnie, notre
« bonne Dame, dit le paysan assez ahuri. Vous m'avez
« fait appeler pour une réparation à faire dans le châ-
« teau, bien sûr ?

— « Non, père Popol ; vous allez savoir pourquoi. »
Puis se tournant vers ses invités :
— « Messires, dit-elle, je vous présente le maréchal...
Villard ! »

L'étonnement fut général. Tous interrogèrent des
yeux la châtelaine, pour avoir le mot de l'énigme.

— « Je ne vous trompe point, messires ; ce brave
« homme est un habitant de Sornéville ; son nom est
« *Léopold Villard ;* il est maréchal... ferrant, et je le
« compte parmi les notables de la paroisse. »

Et les convives de rire avec leur gracieuse hôtesse,
et le bonhomme de recueillir, sur l'invitation qui lui
fut faite de tendre son bonnet de laine, un certain nombre de pièces blanches qui y tombèrent.

Le maréchal... ferrant n'avait jamais empoché
pareille aubaine, ni vu si belle compagnie. Il en était
tout ébahi, mais joyeux et content.

Avant de se retirer, il but, à la santé de la châtelaine
et de toute la société, un grand verre de vieux vin des
Vieilles-Vignes, canton alors le plus renommé du
vignoble.

Heureux temps, que celui-là, où l'on ne songeait
à s'amuser, dans les campagnes, que d'innocente
façon.

II

LA terre de Sornéville relevait directement du duc de Lorraine, et Moncel appartenait à l'évêque comte de Metz. On disait autrefois : « Sornéville est *Lorraine ;* — Moncel est *France !*

Chacun sait qu'en 1554 les Trois-Evêchés furent conquis par Henri II, roi de France, sur Charles-Quint, empereur d'Allemagne. La conquête ne devint définitive qu'après la signature, en 1559, du traité de Cateau-Cambrésis.

Dès 1501, le duc René II avait concédé la haute justice de ces deux communes, Sornéville et Moncel, au chapitre de la cathédrale de Metz, par privilège spécial. En même temps, il autorisait le curé de Sornéville à administrer Moncel sous le rapport spirituel.

La concession de cette juridiction au chapitre obligeait, en retour, l'évêque de Metz à pourvoir, d'un prêtre, la cure et son annexe. Pendant près de trois siècles, en effet, les chanoines réguliers de Marsal, de l'ordre des Augustins, administrèrent ces deux paroisses, sous l'autorité dudit évêque.

En 1607, un nouveau traité fut conclu entre le même chapitre et le duc Charles III, de Lorraine, qui maintenait les privilèges déjà concédés.

Un peu plus tard, Moncel, terre d'évêché, fut détaché de la juridiction temporelle de Sornéville, et remplacé par Mazerulles, terre de duché. Enfin, sous Léopold, vers la fin du XVIIᵉ siècle, le droit de haute justice fut retiré au chapitre et attribué, comme autrefois, au seigneur châtelain de Sornéville.

Malgré la communauté de juridiction et de direction ecclésiastique, il y avait peu de relations, et moins encore de sympathies, entre les habitants de Sornéville et ceux de Moncel. Les deux paroisses étaient séparées par le bois de Humémont, où les agents de douanes des deux souverainetés se rencontraient fréquemment. Comme il fallait payer le passage des marchandises de France en Lorraine et réciproquement, il y avait antipathie, quelquefois hostilité entre les deux villages. Non seulement on ne se fréquentait guère, mais on se détestait sincèrement.

Il en était souvent ainsi, — en France comme en Lorraine, — entre paysans de *bans* voisins. Cette vieille antipathie de province à province, de ville à ville, et même de village à village, a persisté longtemps. Il en reste de vieux dictons, et presque tous sont malveillants. Les gens de Sornéville disaient :

« *Les wettes pènés de Moncé* (les sales jupes) ; — *les « pouilloux (pouilleux) de Champenoux ; — les ôyes « (oies) de Beҳainge*; — *les hères de Serres*, etc ; » et, des autres communes, on disait: « *Les piaidioux de Sornainville* (les plaideurs de Sornéville) », à cause, sans doute, des fréquentes oppositions qu'ils faisaient au seigneur dans leurs plaids annaux.

Des liens puissants attachaient, de façon particulière, les habitants de Sornéville au souverain de l'antique nation lorraine, surtout depuis l'avènement de Léopold. Ce prince avait attiré, en son duché, des artisans renommés de Flandre, de Picardie, de Champagne et de Bourgogne, pour relever l'industrie spéciale du tissage, ruinée totalement à l'époque des guerres de la France contre ce petit, mais vaillant pays. L'histoire nous apprend, en effet, que Louis XIII et Richelieu, ne voulant point ratifier le mariage, en 1632, de Gaston d'Orléans, frère du roi, avec Marguerite, sœur de Charles IV, ravagèrent les Etats de ce souverain et les couvrirent de ruines. La plupart des artisans lorrains avaient dû s'expatrier.

Outre la guerre, la famine et la peste s'étaient abattues sur notre chère patrie. Marsal et Moyenvic avaient été pris et détruits ; les fortifications de Nancy et celles de Lunéville avaient été démolies ; 60 châteaux forts avaient été rasés. Charles V, succédant à son oncle Charles IV, n'avait pu prendre possession de son duché. Il guerroyait à l'étranger et battait les Turcs à Vienne et à Bude.

Louis XIV célébrait les vertus de ce vaillant petit souverain en s'écriant, lorsqu'il apprit sa mort :

« J'ai perdu le plus grand et le plus généreux de mes ennemis ! »

Il était réservé au duc Léopold, surnommé le *Sage*, de réparer les désastres dont ses Etats avaient souffert pendant 65 ans, sous ses prédécesseurs. Au moment où il succédait à son père, en 1690, il n'y avait plus que sept mille habitants à Nancy, — mille à Lunéville. Les campagnes étaient désolées, les villages presque déserts, les champs friches, les Lorrains dans la plus affreuse misère. Le commerce était nul, et nulle aussi l'industrie.

A Sornéville, d'après la tradition, il ne restait que cinq ou six ménages ; et, à Moncel, deux veuves. Celles-ci vinrent se joindre aux premiers, et Moncel fut totalement dépeuplé.

Les malheureux atteints mortellement de la peste étaient emmenés hors des villages, afin d'enrayer, autant que possible, la contagion ; ils allaient mourir près des sources, dans les prairies. La fontaine près de laquelle périrent un grand nombre de pestiférés, entre Sornéville et Erbéviller, est la source des *Joncs Saint-Martin*. Elle eut, dans la suite, une telle renommée de pestilence, que, pendant près d'un siècle, on n'osa en approcher.

Le duc Léopold réorganisa tout, fit venir, des provinces moins maltraitées de la France, des artisans habiles et renommés, qu'il combla de privilèges : exemptions de *tailles*, de *corvées*, *d'impôts particuliers;* il accorde des secours pécuniaires pour établir des métiers, etc.

Grâce à la sollicitude éclairée du jeune souverain, la communauté de Sornéville, qui ne comptait plus que 51 habitants en 1710, — il n'y en avait pas moitié en 1690, — s'élevait en 1729, c'est-à-dire à l'époque de la mort de Léopold, à environ 300. Vers la fin du siècle, il y avait plus de 400 habitants ; en 1810, la population s'élevait au chiffre de 505.

Mais, si l'on en croit la tradition qui se répétait encore, il y a cinquante ans, dans les familles les plus anciennes du pays, Sornéville aurait été, dans des temps reculés que nul ne saurait préciser, une ville de quelque importance.

Par suite du zèle inconscient d'un maître d'école (1) dont les principes, mal compris, de la Révolution avaient troublé le bon sens, il n'existe plus, dans les archives de la commune, aucun document touchant le passé de cette localité. Toutefois, il faut tenir compte des vieux souvenirs que les générations se sont transmis.

Sur le haut de Grand-Velle, à mi-chemin de Sornéville à Réméréville, il reste des ruines de ce qu'on appelle encore aujourd'hui : le *Château des Sarrazins*. D'énormes blocs de ciment gisent à côté de la grande voie romaine (2) qui allait du *Camp d'Afrique*, près de Ludres, à Marsal, Dieuze et Tarquinpol.

Le château dominait le village ou la ville. D'autre part, nous avons entre les mains un plan topographique des bois communaux de Sornéville, dressé en 1694, et qui porte les armoiries de la commune ainsi que celles des anciens seigneurs.

Ces dessins, soigneusement coloriés, ne seraient-ils pas un indice d'une certaine valeur, que cette localité avait autrefois obtenu ses franchises communales, avait eu sa milice et ses *armes*, comme la plupart des villes de Lorraine ? Quoi qu'il en soit, voici ce que nous avons constaté :

---

(1) Voir au chapitre XXVIII.
(2) Ce qu'on appelle, à Sornéville, le *chemin ferré*.

Les deux écus sont ovales, en ronde-bosse, surmontés d'une couronne de baron, et portent :

Pour la commune : *Champ de sinople fascé d'argent ; sur la fasce, trois lions de gueules, issant et lampassés ; en chef, deux étoiles d'or, la fasce surmontant trois besans de même ;*

Pour le seigneur : *Champ d'or, avec chevrons de gueules jumellés.*

Dans chacun de ces écus, il y a donc une pièce hono- rable ; au premier, la *fasce aux lions lampassés*, au second, les *chevrons jumellés*.

Le centre de la ville était *Nairifeu*. Elle s'étendait, d'une part, jusqu'au moulin, et comprenait : *les Aulnes,* les *Hauts-Jardins, Nailly-Pré*, et, d'autre part, remon- tait jusqu'à la fontaine qui est au milieu du village actuel. Au-delà de la fontaine, il n'y avait que le châ- teau seigneurial.

ARMI les étrangers venus pour exercer leur art et profiter des avantages accordés par le bon duc Léopold, dans ce village qui se repeuplait peu à peu, l'un des plus favorisés fut Nicolas Gallier, qualifié *noble homme* à titre viager, comme la plupart des nouveaux venus, et par ordonnance spéciale.

Une foule de métiers reprirent faveur dans le beau pays de Lorraine. A Sornéville, on se livrait presque uniquement au tissage : on ne négligeait pas, toutefois, la culture des champs, des vignes, que le seigneur avait concédés moyennant de très faibles redevances annuelles.

Les braves paysans élevaient leurs enfants dans la crainte de Dieu, l'amour du sol natal, l'habitude des rudes labeurs de la campagne. On vénérait le Souverain : dans toutes les chaumières, on ne manquait pas un jour de bénir son nom et de prier pour les siens.

La plus grande partie des forêts qui entouraient et bornaient le territoire de Sornéville avaient été données aux habitants, qui s'en partageaient les produits comme affouages.

Aux *plaids annaux*, les membres de la communauté avaient tous, sans exception, — nous voulons dire les chefs de ménage, — voix délibérative. Les chartes obtenues à différentes époques leur étaient, à cet égard, extrêmement favorables ; il aurait suffi d'un seul opposant, pour que le seigneur ne pût empiéter sur leurs anciens privilèges. Nous en donnerons un exemple.

Les fourches patibulaires étalaient leurs traverses lugubres au lieudit : la *Justice*, — non loin des bornes frontières des terres de Lorraine et d'Evêché, près du chemin de Marsal.

Les paysans, pour *droit de sauvegarde* (1), payaient à leur Souverain : *un gros, un resal d'avoine et une poule, par chacun an.* Ce droit avait été concédé à perpétuité.

Le droit de vénerie, ainsi que plusieurs autres redevances, appartenaient, en 1690, pour Sornéville, moitié au duc de Lorraine, moitié à l'évêque de Metz. Mais on y suivait la coutume de Lorraine.

De 1594 à 1710, le village fut compris dans la prévôté d'Amance et le bailliage de Nancy. A partir de 1710, il retourna à la prévôté de Nancy.

Lorsque cette belle terre de Sornéville passa de l'autorité de la noblesse à celle de bourgeois enrichis, les droits concédés par le Souverain furent beaucoup plus restreints qu'auparavant, et la haute justice fut retirée à ces seigneurs. Il leur fut permis seulement de conserver le titre de *haut-justicier*.

Comme vestiges de la justice *moyenne et basse*, on voyait encore, en 1804, scellés dans le mur sud de l'église paroissiale, les chaînes et les colliers des *carcans*.

Outre l'affouage, les habitants, — manouvriers, laboureurs, vignerons, gens de métiers, — avaient le droit de *marnage* (2) dans les bois *banaux* (3.) De sorte qu'ils

---

(1) Le droit de sauvegarde était une protection que le prince ou le général d'armée accordait, à perpétuité ou temporairement, à certaines terres qu'ils voulaient garantir des insultes et des logements de troupes. Il y avait, dans la localité sauvegardée, un garde spécial pour faire respecter ce droit.

(2) Droit aux bois nécessaires pour construction ou réparation des maisons.

(3) Bois réservés au seigneur, sauf le *marnage* pour les habitants.

pouvaient, à peu de frais, bâtir ou réparer les humbles chaumières qui les abritaient.

Ils étaient obligés de cuire leur pain au *four banal*, construit dans les dépendances du château, au lieudit : la *Bahatte*, Il fallait aussi faire moudre le grain au *moulin banal*, aujourd'hui démoli. Tout cela se faisait moyennant une assez modique redevance, payée en nature et au vingtième, qui constituait un des plus clairs revenus du seigneur.

Les hommes valides étaient astreints à *huit jours de corvée par an*, pour l'entretien des chemins ou des dépendances de la demeure du châtelain, ou pour les récoltes et les travaux champêtres dans ses terres particulières. Les *corvéables* étaient nourris, ces jours-là, de pain et de fromage blanc, aux frais du seigneur.

De temps immémorial, les possesseurs du domaine avaient été bons et charitables. Quant aux paysans, gens laborieux et simples de mœurs, chrétiens naïfs et convaincus, s'entr'aidant en toute occasisn, ils vivaient paisiblement du produit des terres *ascencées*, — ou données à perpétuité moyennant un *cens* annuel, — des bestiaux et des volailles qu'ils élevaient, des fruits de leurs vergers, du vin de leurs vignes. Ils étaient vêtus de chaud *droguet* en hiver, de toile de chanvre en été. Le *droguet*, que l'on ne fait plus guère aujourd'hui, était un drap grossier, mais épais et presque inusable, qu'ils obtenaient en filant, tissant et faisant teindre la laine de leurs brebis (1) La toile provenait du chanvre et du lin qu'ils cultivaient dans les terrains les plus fertiles, — chénevières, — aux alentours du village.

Vue du haut du *chemin ferré*, l'agglomération de de leurs petites maisons ressemblait, au printemps, à une grande ruche entourée d'arbres en fleurs.

---

(1) On le faisait *fouler*, ainsi que les bas de laine. Il y avait de nombreux *fouleurs* à Vic et Marsal. Ces petits industriels faisaient une tournée, en automne, dans les villages. — Il en était de même des *chanvriers*, ou peignant le chanvre.

Le château, près duquel les paysans avaient élevé leurs habitations, se trouvait à trois ou quatre cents toises du vieux *moutier*, — en patois : *lo vie moté*. L'antique église était alors à l'endroit appelé, de nos jours, *nairifeu*, vieux mot transformé arbitrairement, par les agents du cadastre, en celui de *Darifosse*, qui a une tout autre signification pour les gens du pays. Dans le langage primitif de la localité, *Nairifeu* veut dire : *lieu aquifère*, qui produit de l'eau et des *feux follets*. Et, en effet, il y avait autrefois, aux alentours de l'église, des sources très abondantes. — entre autres, celle des *Crás* et celle de *Nailly-Pré*. Dans les prés voisins, très spongieux, s'élevaient souvent dans la nuit, des *lanternates* ou feux follets.

Le village se composait, au XVIIᵉ siècle, d'une vingtaine de maisons, du côté des Aulnes. Ce canton est encore, en grande partie, cultivé en jardins. On prétend même qu'une cloche y fut enfouie au temps de la guerre des Suédois, et qu'elle n'a pas été retrouvée.

A quelles causes peut-on attribuer la dépopulation rapide d'une commune que l'on croit avoir été, jadis, une ville de certaine importance ? La peste de la fin du XVIIᵉ siècle en était une des principales. Mais la destruction complète du château des Sarrazins, et le nom de la *Fosse*, donné à une large dépression de terrain, près des forêts communales, ne rappelleraient-ils pas quelque guerre locale, ou les ravages produits par les Suédois lorsqu'ils bataillaient en Lorraine ? Nul ne saurait le dire ; aucun document ancien n'en fait mention. Mais alors s'expliquerait le nom de *Darifosse*, — *derri lè Fosse*. — donné aux petits bois qui se trouvent à proximité de la *Fosse*.

En outre, sur la hauteur qui domine le village au nord-ouest, devant les *Cent-Chênes*, du côté opposé au plateau sur lequel existait le château des Sarrazins, on a mis à découvert, il y a cinquante à soixante ans, des ruines semblables à celles que nous avons décrites et provenant de cette dernière construction. Il y avait, c'est à présumer, deux forteresses rivales, à trois quarts de lieue chacune de la petite ville, et à une demi-lieue l'une de l'autre.

Y eut-il guerre entre deux ambitieux qui convoitaient la possession d'une cité commerçante, dont les *besans d'or* figurant dans ses armoiries indiquaient la prospérité ? Nous ne nous chargeons point d'élucider cette question.

Le vieux moutier tombait en ruines. Une église fut bâtie, vers 1680, à côté du château, avec lequel elle communiquait par un étroit couloir aboutissant au chœur, près du maître autel. La communauté conserva cependant l'ancien cimetière, — vie *aîtrée*, — *vieille âtrie*, — qui entourait l'ancienne chapelle castrale. Ce n'est qu'en 1780, cent ans plus tard, que le clocher actuel remplaça la tour primitive en forme de colombier. Les maisons s'en rapprochèrent peu à peu, au fur et à mesure que la population augmenta et qu'il devint nécessaire de multiplier les logements.

Depuis l'extrémité ouest du village actuel jusqu'à la fontaine de *Nairifeu,* de chaque côté du chemin, l'emplacement des maisons tombées en ruines et de leurs jardins, à la suite de la dépopulation causée par la peste, fut converti, par les échevins, en pâtis communaux.

Il n'y avait qu'une seule rue, en pente vers le couchant. Un large ruisseau, appelé le *rupt sauvage,* à cause de ses caprices, coulait le long de la rue, au bord de la chaussée, et allait se perdre dans *l'égayoir,* — le *wé (1),* — qui recevait le trop plein des eaux de la fontaine.

En hiver, après des pluies prolongées, des fontes de neige, — ou, en été, après un orage, il était impossible de franchir le rupt, qui, alors, devenait un véritable torrent. Il avait fallu établir, dans le voisinage de la fontaine, une passerelle très rustique sur laquelle on était forcé de passer pour aller d'un côté de la rue à

---

(1) *w* s'articule *ou,* — et *x* comme *hh* fortement aspiré.

l'autre, en amont de la fontaine. Les gens du côté sud de la rue n'auraient pu, sans cela, se rendre aux offices du dimanche. Cette passerelle existait encore en 1846.

Les habitations étaient généralement basses, n'ayant qu'un rez-de-chaussée. Mais, en revanche, elles étaient très longues d'avant en arrière. Dans les communes voisines, on disait les *grands pôxes* (porches, allées, corridors) de Sornéville.

Sur le devant, les toitures s'avançaient démesurément, ce qui permettait de se promener, les jours de pluie ou de neige, d'un bout à l'autre de la rue, surtout du côté sud, à l'abri du mauvais temps.

IV

Ecole. — Presbytère.

Au milieu du XVIIIe siècle, l'école était dirigée par maître Joseph Thomas, qui, en 1745, avait remplacé Nicolas Jullier. En même temps que les fonctions d'instituteur, — ou de *régent*, comme on disait alors — il remplissait celles de chantre au lutrin, de sacristain, d'appariteur au service du château et de la communauté.

Pauvre clerc, sachant lire couramment le français dans les livres et les manuscrits, le latin dans le psautier ; traçant correctement la belle écriture *nationale*, toujours très lisible, de l'ancien temps ; pouvant compter, faire des additions et des soustractions de nombres de beaucoup de chiffres,— ce qui était considéré comme une grande difficulté ; mais étant obligé de recourir à un livre pour les deux autres opérations de calcul : tel était le maigre bagage littéraire et scientifique de l'instituteur.

Maître Thomas ouvrait son école à la Toussaint et la fermait à Pâques, suivant les conventions arrêtées entre lui et le conseil des *Echevins de ville*. Certains enfants n'y entraient qu'à la Saint-Martin, 11 novembre, et la quittaient au mercredi des Cendres. Ceux-là *allaient à maître* c'est-à-dire entraient, comme petits

valets, chez les laboureurs pour tout le temps que duraient les travaux champêtres.

Dès les premiers jours de printemps, une fois la classe
fermée, le brave maître d'école travaillait à son métier
de tisserand.

Parmi les garçons et les filles, il y avait deux catégo-
ries d'élèves : les *écrivants* et les *non-écrivants*. Par
application du traité intervenu et dont nous venons de
parler, — traité qui se renouvelait tous les trois ans,
— les écrivants payaient *un écu* de trois livres par
année, pour la période scolaire : les autres payaient
seulement deux livres. L'école était fréquentée par une
quarantaine d'enfants des deux sexes, de sept à quinze
ou seize ans.

Le régent retirait, en moyenne, environ 35 écus
pour les *écolages* ou rétribution scolaire annuelle.
Dans le but d'economiser une partie de la dépense, certains parents reculaient, autant qu'ils le pouvaient,
le moment où leurs enfants devaient apprendre à
écrire. Il retirait à peu près la même somme pour sa
part de casuel, en qualité de chantre et de sacristain.
Enfin, comme suppléments de *gages*, et pour rétribuer
son office de secrétaiae du conseil des Echevins, le seigneur lui avait octroyé, bénévolement, le sixième de la
dîme d'une charrue, c'est-à-dire de 45 à 5o jours (1) de
terre. Cela équivaut à environ 1o hectares, suivant les
mesures actuelles. De ce chef, il récoltait une centaine
de gerbes, moitié blé, moitié avoine, seigle ou orge,
qui produisaient *deux resaux*, — le resal équivaut à 125
litres, — de froment, d'un prix moyen de 1o écus pour
les deux. L'avoine lui donnait au plus cinq *quartes*, —
chacune de 6o litres, — d'une valeur totale à peu près
égale à celle du blé.

Ce supplément, au profit du maître d'école, ne pouvait guère appauvrir le propriétaire du domaine, et

---

(1) Le jour, de 1o hommées ou 25o toises, représente 20 ares
44 centiares.

apportait un précieux appoint aux maigres ressources du *magister*.

Le total de ses salaires pouvait donc s'élever, année ordinaire, à 90 écus, — 270 francs. Il ajoutait encore à cela ce qu'il retirait de vin à l'époque du pressurage. Comme dans beaucoup de villages lorrains possédant un vignoble, le régent et le curé mettaient un tonneau, chacun, dans le local du pressoir banal, suivant une antique coutume. Le seigneur, cela va sans dire, y plaçait aussi, de droit, les siens ; ses agents se chargeaient, pendant le pressurage des vendanges, de prendre, sur chaque *pain de marc*, le vin qui lui était dû. Quant aux futailles déposées par le maître d'école et le curé, un assez grand nombre de vignerons y versaient, à titre gracieux, chacun un *broc* ou deux. Le broc, *quart de la mesure,* serait aujourd'hui de 11 litres 11 centilitres. Si les fûts étaient remplis avant la fin du pressurage, ils étaient immédiatement remplacés par des tonneaux vides.

De cette façon, maître Thomas augmentait encore ses petites ressources. A cette époque, il occupait une situation enviable. Aussi, lorsqu'il s'agissait de renouveler son engagement triennal, se présentait-il plusieurs concurrents. Tous étaient éconduits, cependant, parce qu'on tenait beaucoup à maître Thomas, qui remplissait ses charges multiples avec zèle et conscience. Nulle part, les enfants n'étaient plus instruits, mieux élevés. Presque tous ceux qui, en raison de leur âge, avaient quitté l'école, savaient lire, écrire, compter, se montraient respectueux envers leurs parents, pleins de déférence à l'égard de tous les habitants du village, de politesse envers les étrangers. Tous étaient pieux, savaient leur catéchisme, chantaient les offices avec leur excellent maître. Il n'y avait point d'illettrés parmi eux.

Pendant treize ans, le père Thomas fut le préféré des échevins de ville, l'ami et le guide de ses confrères voisins. Il ne fut remplacé qu'à sa mort, en 1758, comme nous le verrons plus tard, par Joseph Willemin, qui sut acquérir, comme lui, l'estime de toute la communauté.

*
* *

La cure était desservie, depuis 1727, par le révérend père François, chanoine régulier de l'ordre de St-Augustin du couvent de Marsal, dont il avait été prieur. C'était un prêtre vénérable, très populaire à Sornéville et à son annexe Moncel.

Le revenu de la cure se montait à un chiffre assez élevé. Des donations successives, faites par le seigneur et les habitants aisés de la paroisse, avaient formé une *mense* presbytérale importante.

Avant la Révolution, la plupart des curés de campagne pouvaient vivre à l'aise et exercer largement la charité, — tandis qu'au temps où nous sommes, une indemnité dérisoire les empêche à peine de mourir de faim. La Révolution les a réduits à la portion congrue.

Les seigneurs de Sornéville avaient abandonné, au curé de la paroisse, une partie des revenus qu'ils percevaient en nature. Le père François tirait la dîme d'une charrue et avait l'usufruit de terres qu'il affermait à un laboureur. La concesssion des dîmes et des terres avait été faite à perpétuité. Le revenu total, avec les *oblations*, pouvait être évalué, année moyenne, à *mille écus*, dont profitait le couvent. Déduction faite de l'entretien, des aumônes et bonnes œuvres du desservant, il revenait à la communauté religieuse de Marsal près de deux mille livres.

Parmi les notables formant le conseil des *Echevins de ville*, on comptait alors Nicolas Gallier, les frères Léopold et Jean-François Gouvenez, Léopold Villard, Jean-Paul Morville, Claude Goury, Joseph Lallement,

et Jacques Aubry. Ce dernier était entré au conseil en
1729, et, l'année suivante, avait rempli les fonctions de
maire.

V

Plaids annaux

Les plaids annaux avaient toujours lieu sur la place de l'église, après la messe paroissiale, deux fois par an : le lundi de Pâques, et à la St-Etienne, lendemain de Noël, — fêtes alors religieusement observées par les pieuses populations lorrains.

Dans ces *plaids*, il suffisait. — nous l'avons dit, — de l'opposition d'un seul membre de la communauté, chef de ménage, pour empêcher une proposition d'aboutir.

En voici un exemple :

En 1725, le lendemain de Pâques, le seigneur fit proposer, par son intendant, l'échange d'une partie de sa forêt dite : *Bois Banaux*, — aujourd'hui : *Bois Morel*, — avoisinant les coupes affouagères des *Cent Chênes*, contre un petit bois de 25 arpents, celui de *l'Etang Voinard*, ou *Darifosse*, appartenant à la commune. Le châtelain désirait vivement que cet échange eût lieu. Le bois communal, entouré de toutes parts de prairies et de terres labourables, lui offrait de grands avantages pour ses chasses. L'endroit était favorable à la *remise* du gibier. Il donnait plus de terrain et des bois de meilleure qualité que ce qu'il demandait en retour. Son offre était donc acceptable. Mais Jacques

Aubry qui était *hardier* cette année-là, s'opposa énergiquement à l'échange proposé, et fit valoir ses motifs
personnels :

— « Ç'n'a— m' po dépiaire (1) è not' bon monsieur,
« dit-il en son patois expressif et familier ; — mais (1)
« lo piat bô atô dè sin (2), j'en paîtirô (1) quasi tos les
« jos è me tot seûl. Je moène sovent mo tropé és alentos
« di bô de l'Etang Wènaird, (1) pasque j'y trûve de lè
« bonne pèture, po mes bêtes. J'ai (1) tot pien de boquat-
« tes et j'ai (1) bin (2) di mâ de les vôr tortos quand
« j'errive sus lo bord di bô. Mes chins (2) bawront (3)
« èprès s'i les wéyont (3) breuter les piates branches des
« bouxons (4) ; mais (1) i n'erriv'ro — m'tojos essez tôt
« po les empêchi de maingi lo breta.

« Vos banwais (1-3) et vos gairdes (1) me wégeront (3)
« sovent, pasque l'émont bin (2) zoute bon malte. En
« m'wègeant (3), i crôront li faire (1) piéhi (5). Je
« n'pourrô jèmais (1) payi lo démainge, j'a trop paure.
« Je s'rô mis à carcan, deconte lo moté. Cè serô bé,
« ne-mé, si les âtes me wèint tot lè. Et mes paures gens
« de chin (2) nos, qu'â-c' qu'i penserint (2) de zoute fe.

« Mé bonne vie mère en vanrô bintôt (2) sotte. Je
n'vue-m' lo chaingement-lè (6) ».

Et quand Jacques Aubry avait une opinion, toujours
réfléchie, d'ailleurs, il n'en démordait plus. Il ne fut
donc pas possible de le ramener à l'avis du plus grand
nombre. D'après les usages, la solution de la question
ne fut point favorable au seigneur. C'est pourquoi le
bois de l'Etang Voinard appartient encore aujourd'hui
aux habitants de Sornéville.

---

(1) *ai* se prononce ê, très ouvert. —

(2) *in* est nasal, comme *on, an,* etc.

(3) *w* s'articule *ou.* —

(4) *x* s'articule comme *hh* fortement aspiré — c'est le *ch* alle-
mand.

(5) *h* est toujours aspiré, comme dans la langue allemande.

(6) è est toujours bref, comme *et.*

Voici la traduction du patois cité plus haut :

« Ce n'est pas pour déplaire à notre bon monsieur ;
« mais si le petit bois était à lui, j'en pâtirais presque
« tous les jours à moi tout seul. Je mène souvent mon
« troupeau aux alentours du bois de l'Etang Voinard,
« parce que j'y trouve de bonne pâture pour mes bêtes.
« J'ai beaucoup de chèvres (bouquettes), et j'ai bien du
« mal de les voir toutes quand j'arrive au bord du bois.
« Mes chiens aboieront après, s'ils les voient brouter les
« petites branches des buissons ; mais ils n'arrivent pas
« toujours tôt pour les empêcher de manger les brou-
« tilles. Vos *bangards* (gardes du ban) et vos gardes
« (forestiers) me gageront, parce qu'ils aiment bien
« leur bon maître. En me gageant, ils croiront lui
« faire plaisir. Je ne pourrais jamais payer le dom-
« mage ; je suis trop pauvre. Je serais mis au carcan,
« *contre* l'église. Ce serait beau, n'est-ce pas, si les
« autres me voyaient là !

« Et mes pauvres gens de chez nous (mes parents),
« que penseraient-ils de leur fils ? Ma pauvre vieille
« mère en deviendrait bientôt folle.

« Je ne veux pas de ce changement-là ! »

3

VI

Vieilles coutumes.

HAQUE année, vers la fin de février, — un peu plus tôt ou un peu plus tard, suivant que l'hiver avait été plus ou moins rude, ou que la neige avait couvert les campagnes plus ou moins longtemps, — les laboureurs reprenaient leurs travaux, cultivaient les champs qu'ils voulaient ensemencer d'orge ou d'avoine. Les vignerons taillaient les ceps avant de bêcher le sol. Peu à peu, l'animation recommençait au dehors ; ils ne restait que les artisans au village : tisserands, cordonniers, tailleurs, menuisiers, charrons, etc. Ces ouvriers sédentaires ne quittaient leur métier et les outils de leur profession qu'au moment des grands travaux : fenaison, moisson, vendanges.

Pâques venu, les enfants abandonnaient l'école joyeusement, prenaient leur volée, comme un essaim de papillons, vers les champs et les forêts. Les uns, la *cougie* (le fouet) à la main, dirigeaient l'attelage de quelque charrue ; d'autres allaient amasser les sarments de vigne, — ou *sairmenter* ; les plus jeunes allaient garder la vache ou la chèvre en pâture, le long des haies et des chemins herbeux. Quelques-uns allaient faire des charges de bois mort dans la forêt, et les rapportaient pour augmenter la provision de chauffage pendant l'hiver prochain. Tous étaient occupés. On n'en voyait jamais, comme aujourd'hui, courant les chemins en désœuvrés, ou se livrant à la maraude.

C'est que la morale évangélique n'était point encore remplacée par la morale indépendante. Alors, les enfants obéissaient, parce que les parents savaient se faire obéir.

La fête de Pâques était le plus grand jour de l'année. Nul n'aurait osé le profaner par un travail quelconque. C'est l'époque où s'annonce le renouveau ; les arbres bourgeonnent, les premières feuilles se développent, les violettes fleurissent sous les buissons, au bord des sentiers ; le pinson chante sa ritournelle dans les vergers ; l'alouette gazouille au-dessus des sillons nouvellement labourés.

On endossait alors les vêtements légers ; on jouait aux quilles au fond des jardins ; on se divertissait de toutes manières. Les jeunes gens, après les vêpres, poussaient leur promenade jusqu'à Humémont.

Entre amis, on *marandait* (repas de quatre heures après-midi)d'omelettes au lard, arrosées du petit vin de la dernière récolte. Les enfants se croyaient même tenus, suivant une antique croyance, de marander plusieurs fois, le jour et le lendemain de Pâques, pour être sûrs de trouver les nids de petits oiseaux en leur saison. Ils jouaient aux *œufs rouges*, dont chaque ménagère préparait une ample provision. En ce jour de fête, à la grand'messe, on distribuait aux fidèles des *noix* en guise de pain bénit.

Puis venaient les *Rogations*. Aucun paysan n'aurait voulut s'abstenir d'assister, quand il le pouvait, aux processions : la récolte prochaine n'était-elle pas sous la garde et la dépendance du Créateur ? On suivait alors, en longues files de gens pieusement recueillis, les sentiers et les chemins étroits, chantant les litanies d'un ton plaintif, ayant au cœur un grand espoir en la munificence de Dieu.

Le premier jour, on allait bénir la *saison des blés* ; le second, jour la *saison des avoines et des orges* ; le troisième jour était réservé pour la bénédiction du *vignoble.*

Heureux temps, où le souffle démoralisateur des incrédules n'avait point encore passé sur les campagnes !

Un antique usage, dont l'origine peut être reportée aux temps du paganisme gaulois, subsistait encore dans le premier quart du présent siècle. Cela se faisait les trois premiers jours de mai (1).

Une vieille pauvresse conduisait une petite fille de huit à dix ans, vêtue d'une robe blanche sur laquelle étaient épinglées des feuilles de lierre. L'enfant avait la tête ornée de rubans de diverses couleurs et couronnée de verdure.

Toutes deux quêtaient de porte en porte, entremêlant le chant et la danse. C'est ce qu'on appelait : « *Chanter le trimaisa !* »

> Va-ce lo maye, évri pessé.
> Je n'pue teni mo cœur (2) de joè :
> Tant aller, tant dansi,
> Po tojos chanter : Trimaisa !
> Ç'a lo maye, moè de maye,
> Ç'a la jôli moè de maye !
> J'ans pessé pa les champs ;
> J'ans truvé les biés bin grands,
> Les awènes se l'vant,
> Les bianches pinques fieurant :
>   Trimaisa !
> Ç'n'a-m' por nos lo présent :
> Ç'a po lè vierge et son afant.
> Eune prière so fe qu'i nos moénc
> A pèrèdis, et ç'a bin meuye !
>   Trimaisa ! etc.

> Voici le mai, avril passé.
> Je ne puis tenir mon cœur de joie ;
> Tant aller, tant danser,
> Pour toujours chanter : Trimaisa !
> C'est le mai, mois de mai,
> C'est le joli mois de mai !

---

(1) D'où, probablement, le *nom* donné à cet usage.

(2) A Sornéville, on prononce *tcheur*. — Voir les notes précédentes.

Nous avons passé par les champs ;
Nous avons trouvé les blés bien grands,
Les avoines se levant,
Les aubépines fleurissant :
    Trimaisa !
Ce n'est pas pour nous, le présent ;
C'est pour la Vierge et son enfant.
Elle priera son fils qu'il nous mène
Au paradis, et c'est bien mieux !
    Trimaisa ! etc.

Au premier mai, chaque garçon à marier apportait, avant l'aurore, sur la porte de sa promise, un *mai* garni de ses feuilles nouvelles et de fleurs des champs, attachées aux rameaux par des rubans de diverses nuances.

A la Pentecôte, la plupart des paysans se rendaient à Saint-Nicolas-de-Port, pour demander, au *patron de la Lorraine*, de protéger les enfants et les jeunes gens. Les villageoises célibataires qui désiraient se marier et n'avaient point d'épouseur, ne manquaient jamais ce pèlerinage.

Elles parcouraient l'intérieur de la célèbre basilique en tous sens, avec l'espoir de poser le pied, à leur insu, sur une certaine pierre du pavé, dont tout le monde ignorait la place. Lorsqu'on l'avait foulée par hasard, on devait infailliblement épouser, dans le cours de la même année, le gars sur lequel on avait jeté son dévolu.

Cette croyance, — reste des superstitions du moyen-âge, — était alors fort répandue dans nos campagnes.

La dévotion à saint Nicolas était profonde et générale. Huit jours avant et huit jours après le lundi de la Pentecôte, on voyait, à Sornéville, défiler des bandes de pèlerins, — hommes, femmes, enfants, vieillards, — portant, sur l'épaule, le bâton de voyage traversant de grandes miches de pain bis. Chaque famille pourvoyait à sa subsistance pendant la durée du voyage, aller et retour. Le jour même de la foire, lundi, on évaluait de 30 à 40 mille le nombre des paysans accourus, de tous les points de la Lorraine, pour rendre hommage au vénéré patron et implorer son secours.

A la *Fête-Dieu*, quelles simples et touchantes cérémonies ! Quelques jours àl'avance, avec l'autorisation, souvent même par l'initiative du seigneur, on coupait les *mais*, dans les bois *banaux*, branchages de charmille qui devaient orner les *chapelles* ou reposoirs, et enverdir les façades des maisons. Les femmes, les jeunes filles et les enfants récoltaient des charges de mousse dans les forêts, en façonnaient des guirlandes piquées de roses, de coquelicots et de bluets. Ces guirlandes devaient encadrer chaque autel rustique.

Les ménagères un peu à l'aise prêtaient leurs belles pièce de toile de chanvre et de lin, apportaient leurs petits chandeliers de cuivre, les images pieuses qui gardaient leurs foyers, et qu'elles conservaient avec soin dans des encadrements de bois de noyer. Elles plaçaient par-ci, par-là, quelques miroirs sur l'autel improvisé, aux côtés duquel se tenaient de bons petits enfants joufflus, en robe blanche, les mains jointes, figurant les anges du paradis.

Tous les campagnards valides suivaient la procession du Saint-Sacrement. Le révérend père s'avançait grave, recueilli, couvert de ses plus beaux ornements, portant l'ostensoir avec un profond respect, sous un dais très simple que soutenaient quatre marguilliers. Messire de Baudouin suivait le dais, un cierge à la main ; derrière lui, venaient les membres de sa famille, puis les échevins de ville, puis les gens du château, sur deux files, les hommes d'abord, puis les femmes, en tête desquelles marchait Marie-Françoise de Rutant, dame de Baudouin. Les habitants du village venaient après le personnel du château. Les vieillards, les impotents, les infirmes, les malades, se faisaient installer à leur fenêtre ou sur le seuil de leur logis, et se prosternaient au passage du Dieu des pauvres, des humbles, des affligés.

Les reposoirs étaient ordinairement dressés à la porte d'une grange entr'ouverte, et tout se passait en pleine liberté. On ne se doutait guère, alors, que ces processions seraient un jour interdites dans le beau et catholique pays de Lorraine.

Epoque bénie entre toutes, que celle où les manifestations de la foi soulevaient toute une paroisse en des élans d'émotion et d'amour envers le Christ rédempteur.

Toutes les fêtes religieuses donnaient des jours de joie et de repos.

Le jour de la Saint-Jean, 24 juin, les jeunes gens du village faisaient un grand feu de joie, un peu au-delà des dernières maisons, d'abord au-dessus des *Hauts-Jardins*, près de l'ancien village, — puis, plus tard, à un large carrefour d'où partaient quatre chemins : ceux de Hailly-Fouillis, de Bezange, de Marsal et de Moncel. Ce feu de joie était la *bure* de la Saint-Jean.

La veille, quelques gars parcouraient la rue principale et les dépendances du château, traînant un chariot et quémandant, dans chaque ménage, un fagot pour la *bure*.

Le jour de la fête, aussitôt que la nuit était venue, ils élevaient un immense bûcher, au milieu duquel était plantée une haute perche supportant un mannequin. Presque toujours, ce mannequin représentait quelqu'un qui avait mérité d'être fustigé. Ceci n'était guère chrétien; mais on renonçait difficilement aux usages de l'époque où l'on brûlait les sorciers.

Aussitôt que le bûcher flambait, on rondiait tout autour en chantant de vieilles ballades. Tout le monde prenait part à ces réjouissances, jeunes et vieux, parfois même le curé, dont la présence empêchait les excès.

Avant de s'éloigner de la bure, quelques bonnes vieilles et quelques jeunes gens superstitieux ne manquaient pas de ramasser, à la dérobée, des braises éteintes pour les rapporter à la maison, où elles devaient préserver de l'incendie et des maléfices.

A la fenaison, quand un laboureur rentrait sa dernière charretée de foin, ornée, sur le devant, d'une branche verte garnie de fleurs et de rubans, on *tuait le chien*. Nous ne connaissons pas l'origine de cette expression. Cela veut dire que *maître*, *valets*, *manouvriers*, faisaient ensemble un copieux repas, où l'on buvait sec, le tout aux frais du laboureur.

On en faisait autant après la moisson, lorsqu'on rentrait la dernière voiture de gerbes.

Pour la fenaison, il était d'usage encore de *tremper la faulx*. La veille du jour où l'on devait commencer la coupe des foins, le laboureur invitait ses faucheurs à un *marander*, où chacun buvait au moins sa *pinte*. Il nous a été conté, à ce sujet, que, pour *tremper la faulx* à la fenaison de 1795, le père Lallement, un des principaux laboureurs du lieu, fit boire à ses quatre faucheurs, en mangeant l'omelette traditionnelle, un *pot*, — deux pintes — du vin de 1794, qu'on appelait le *tue-homme*. Le patron et les quatre ouvriers, tous très robustes, se trouvèrent complètement ivres à la fin du repas. Et, cependant, chacun avait bu, à peine, sa *chopine*, ou demi-pinte. A peu de chose près, la pinte avait la contenance du litre. La récolte de 1794 avait été très faible, mais le vin très fort.

Jamais on ne travaillait aux champs le dimanche. Les anciens avaient coutume de répéter l'adage : « Ce que Dieu garde est bien gardé ».

Entre les deux Notre-Dame, du 15 août au 8 septembre, les ménagères avaient l'habitude de faire, pour l'automne et le commencement de l'hiver, la provision de beurre et d'œufs nécessaires aux besoins de la famille jusqu'au nouvel an. Cette coutume subsiste encore.

Quand arrivaient les derniers jours de septembre ou les premiers jours d'octobre, il fallait penser aux vendanges. Huit ou dix jours avant la récolte, des vignerons experts, désignés par le Conseil des échevins, parcouraient la récolte et désignaient le *ban*, c'est-à-dire le jour avant lequel il était défendu de vendanger. Cet usage, qui durait depuis plusieurs siècles, avait un réel

avantage : le but était d'obtenir du vin aussi bon que
possible. Les ducs de Lorraine avaient, à diverses
reprises, rendu des ordonnances au sujet du *ban de
vendange*. En qualité de propriétaires de vignes, ils s'y
soumettaient comme de simples particuliers.

Au jour désigné, avant l'aurore, les familles partaient
gaîment à la cueillette, les uns avec des chariots chargés
de cuves, les autres avec l'antique *tendelin*, hotte en
bois, très commode pour le transport des liquides.

Lorsque la récolte était satisfaisante, on entendait
tous les soirs, et pendant tout le temps de la cueillette,
des chants et des propos joyeux dans les chaumières des
vignerons.

Après la fermentation du raisin, il fallait passer au
pressoir banal, où se trouvaient, suivant une ancienne
coutume, comme nous l'avons dit, les tonneaux du seigneur, du curé et du maître d'école.

VII

Aux approches de l'hiver, quand les champs étaient dépouillés de leurs produits, les vergers de leurs fruits, les vignes de leurs échalas — le village redevenait silencieux et morne. Les enfants, rentrés à l'école, n'égayaient plus les travailleurs. Au lieu de leur joyeux et incessant babil, on n'entendait guère que le bruit monotone et cadencé des métiers à tisser, le grincement des scies des menuisiers, charpentiers ou charrons. Les fléaux battaient en mesure dans les granges ; les cordonniers frappaient, de leur marteau, la semelle des gros souliers pour la durcir. Le seul souci des laboureurs était d'aller, de temps à autre, faire couler l'eau qui séjournait entre les sillons.

Il ne faut pas s'imaginer, toutefois, que la saison des frimas fût sans agréments. Le paysan trouvait assez souvent le moyen de se distraire et d'échapper, autant qu'il le pouvait, aux ennuis d'un repos forcé. Néanmoins, ce n'est qu'à l'occasion des fêtes du calendrier qu'il se permettait quelque réjouissance.

Noël et la messe de minuit lui procuraient quelques joies, après six semaines de battage en grange. La soirée du 24 décembre se passait gaîment entre plusieurs familles réunies ; puis l'on allait ensemble saluer, par de vieux noëls, la naissance du Sauveur. C'était même une coutume que le berger communal allât à l'of-

frande, pendant la messe de minuit, le chapeau de toile
cirée sur la tête, ayant son chien en laisse, tenant d'une
main sa houlette et portant, sur l'autre bras, un agneau
enrubanné, premier-né de son troupeau. On offrait
ainsi, à l'Enfant né dans la crèche, les prémices de
l'année. Cette coutume s'est conservée dans certains
villages.

Chaque ménage faisait ensuite le réveillon, et, après
un court sommeil, on se retrouvait, dès l'aurore, dans
la pauvre église, où l'on assistait à tous les offices de
la journée.

Le lendemain, jour de Saint-Etienne, était spécialement réservé aux engagements des valets de ferme et
des domestiques du château. Ce jour-là, du matin au
soir, ils avaient liberté entière, étaient dispensés de tout
service. Ils touchaient leurs gages de l'année écoulée,
recevaient des arrhes pour celle qui commençait. Cet
usage datait de l'époque lointaine où l'année commençait à Noël, et non au premier janvier. C'est par une
ordonnance de Charles IX, roi de France, en 1564, que
cette dernière date fut adoptée. Ce que l'on sait moins,
c'est qu'en Lorraine, l'année ne commença au 1er janvier que quinze ans plus tard. Par un édit du 15 novembre 1579, Charles III, duc de Lorraine, prescrivit que
cette année-là même finirait le 31 décembre au lieu du
25, comme auparavant.

La veille de l'Epiphanie, les jeunes gens qui *souf-
flaient le charbon,* jouaient aux gages et à certains autres
jeux qu'il serait fastidieux de décrire ; par exemple :
la grand'jambe, la savate, etc. On mangeait en famille
le gâteau des rois, acclamant le *roi* ou la *reine* qui
avait trouvé la fève traditionnelle dans la portion venue,
par hasard, entre ses mains. La *part-à-Dieu* était soigneusement mise de côté ; quelques ménagères la plaçaient sur le bord extérieur de la fenêtre, pour les pas-
sants besoigneux : on la donnait quelquefois aux premiers indigents qui venaient chanter, sur la porte
d'entrée, le couplet si connu :

— « Donnez, donnez, la part-à-Dieu ! etc... »

Dans les réunions dont nous parlons, il ne s'agissait point des repas copieux et interminables que l'on fait maintenant, dans les campagnes, à certains moments de l'année. La mère de famille tuait une volaille de sa basse-cour, décrochait, de la vaste cheminée, un jambon fumé ou une saucisse : elle ajoutait parfois une omelette à ces deux plats substantiels ; on buvait quelques pintes du petit vin des *Vieilles-Vignes*, tenu en réserve au cellier ; voilà tout le festin. Mais quelle gaieté gauloise régnait parmi les membres de la famille.

Dans le courant de l'année, quoiqu'ils eussent des vignes, les paysans buvaient de l'eau des fontaines : ils mangeaient du lard et des légumes verts, du laitage et des légumes secs, — suivant que les jours étaient gras ou maigres.

La pomme de terre était alors inconnue en Lorraine. Les premières furent plantées à Sornéville en 1776. Elles étaient cultivées en Allemagne depuis 1750 environ. Parmentier, fait prisonnier en Hanovre en 1757, en mangea et résolut d'introduire et de propager, — aussitôt remis en liberté, — la culture en France de ce précieux tubercule, ce qu'il fit vers 1785. Mais, d'Allemagne, l'usage s'en répandit, de proche en proche, d'abord en Alsace vers 1760, puis à Sarrebourg et aux environs. En 1776, dix à douze femmes de Sornéville, accompagnées de quelques-uns de leurs enfants, s'en allèrent à pied, la hotte au dos, jusqu'à Sarrebourg. acheter des tubercules pour semences. Le trajet est de 50 kilomètres, au moins à l'aller, ce qui fait 100 kilomètres pour le voyage. Entre autres, il y avait Catherine Drouin, accompagnée de son fils Pierre Gallier, notre aïeul, qui avait alors quatorze ans. Tous rapportèrent une hottée de pommes de terre, qui furent plantées et qu'on appela des *Salbotes* (en patois, *Salbot* désigne la ville de Sarrebourg). La meilleure variété rapportée fut appelée *Baudouine*, en souvenir de messire de Baudouin, ancien seigneur de Sornéville.

Les vignerons se gardaient d'oublier de fêter saint Vincent, leur patron, le 22 janvier. La confrérie, établie depuis des siècles dans la paroisse de Sornéville, assistait en corps à la messe.

A la Saint-Blaise, le 3 février, les laboureurs ne manquaient point à l'office du matin après avoir fait porter près du chœur, par leurs valets de charrue, des corbeilles contenant du *son*, du *pain*, du *sel* et de *l'avoine*. Le prêtre bénissait ce mélange, que l'on avait soin de distribuer ensuite aux bestiaux.

Puis venait la fête des *Brandons*, ou des *Fexnattes* (1), premier dimanche de carême (2). Aussitôt qu'il faisait nuit, quelques jeunes gens se juchaient dans les branches du gros marronnier qui existe encore entre l'église et le château, et qui est très vieux. D'autres grimpaient sur deux énormes poiriers qui étendaient leurs branches noueuses, séculaires, près de la *Dehatte*, au haut de la ruelle du moulin.

Les premiers criaient : « Je donne ! Je donne ! »

Les autres répondaient : « A qui ? A qui ? »

« Une *telle* à un *tel* ! »

Et l'on tirait, pour chaque couple, quelques coups, à blanc, d'une vieille espingole. On faisait ainsi une sorte de fiançailles, consacrant des projets déjà arrêtés dans les familles, et connus des amis seulement. Quelquefois aussi, voulant égayer les gens du village, on assortissait des couples pour prêter à rire : vieux et vieilles célibataires, vieux veufs, etc. Quelques jours auparavant, on s'était renseigné sur les projets matrimoniaux.

Le dimanche suivant, les gars de la paroisse faisaient visite aux jeunes filles, en recevaient des pois de *pxi* (3), sortes de croquignoles qu'elles faisaient elles-mêmes.

Mœurs et coutumes aussi simples que touchantes !

---

(1) Voir ci-avant, l'articulation de *x* —

(2) Le 2ᵉ dimanche dans certaines paroisses.

(3) Voir, pour *x*, la note.

Les gens qui avaient quitté la commune dont ils étaient originaires pour habiter celles des environs, — on allait rarement au loin, — revenaient au berceau de la famille deux fois par an : le jour des *Trépassés* ou des *Ames*, — et le jour et le lendemain de la fête patronale. Celle-ci avait lieu, comme aujourd'hui, huit ou quinze jours après la St-Martin, patron de la paroisse. Le second jour, lundi de la fête, est célébré, de temps immémorial, un service pour les défunts de toutes les familles. Les forains nés au village tiennent essentiellement à venir, tous les ans, prier sur la tombe de leurs proches parents décédés.

On ne saurait se faire, aujourd'hui, une idée exacte de la joie de se revoir qu'avaient alors les membres vivants d'une famille, issus d'une même souche et dispersés. Les belles routes, les voies ferrées, ont remplacé les vieux chemins boueux, rarement empierrés ; et, par les facilités qu'elles offrent, favorisent les réunions fréquentes des enfants épars d'un nid commun. Les festins des fêtes patronales, de même que les foires de de l'ancien temps, n'ont plus de raison d'être.

Pendant tout l'hiver, de la St-Martin au premier jour de carême, les femmes se réunissaient, aussitôt qu'il faisait nuit, chez l'une d'entre elles, par groupes de cinq ou six, quelquefois huit ou dix. Elles soupaient habituellement à la chute du jour.

Tous les soirs, excepté le dimanche, elles travaillaient jusqu'à dix ou onze heures, filant le lin ou le chanvre récoltés, ou tricotant la laine fournie par leurs brebis, pour des bas, des *casaquins*, de chauds jupons. Chaque veilleuse payait sa quote-part dans la dépense d'éclairage et de chauffage de la chambre où l'on s'assemblait et qu'on appelait : *lo pâle.* On disait : « *aller à pâle* » pour : « aller au poêle, — à la veillée. »

La gaîté la plus franche régnait constamment parmi ces simples et laborieuses ouvrières. Elles chantaient quelquefois de pieux cantiques, quelquefois de vieilles chansons, transmises, dans les familles, de la grand'mère à la petite-fille. Elles récitaient souvent le chapelet à haute voix, — ou parlaient des *fées*, des tiercets, etc.

Vers huit heures, milieu de la soirée, il y avait sortie générale, pendant quelques minutes, afin de respirer l'air pur du dehors et de se reposer un peu. Au milieu de l'hiver, les veilleuses *racinaient* ou *plumaient la grive*, faisaient un frugal repas, à frais communs.

On raconte qu'un soir de rude hiver de 1709, qui eut des conséquences si terribles et si désastreuses, il pleuvait à torrents à l'heure où la veillée commençait. Le temps ne s'éclaircit point : mais, vers neuf heures, le vent sauta brusquement au nord et refroidit considérablement l'atmosphère. A onze heures, au moment où les bonnes femmes sortaient pour retourner à leur logis, elles furent arrêtées par une barrière d'un nouveau genre : de l'extrémité des toits jusqu'au sol, les gouttières formaient des glaçons. Chaque ligne de tuiles avait fourni sa colonne de glace. Il fallut les briser pour se frayer un passage.

Pendant cette saison des veillées, les gars désœuvrés parcouraient le village, par les nuits sèches, au clair de lune. Ils frappaient aux fenêtres des *veilloirs*, demandaient à *daïller*, c'est-à-dire à entrer en conversation grivoise, en disant ce seul mot : « *d'amour* ? » Ils avaient soin de contrefaire leur voix, pour n'être point reconnus. On leur répondait parfois ; mais, parfois aussi, on les laissait se morfondre sous la bise et le froid, sans leur dire un mot.

Les *daïllats* et les réponses qu'on y faisait étaient des épigrammes en vers, avec rimes plus ou moins correctes. Tout cela se disait ordinairement en patois, et avait plus de sel qu'en français. Les veilleuses coupaient court au dialogue aussitôt qu'il devenait trop graveleux.

Voici deux daïllats qui doivent être dits en patois :

> — J'vos vends lè gironflèye ;
> « Ve weycz-t'i lè bin coëffèye ?
> « E case que l'a bin bèveye,
> « Elle crô qu'on paîle de leye !

— « J'vos vends lè mieutise ;
— « Ne d'hez point de bêtise ;
« Pailez-nos pôliment,
« Ve s'rez èmi de nos gens ! (1)

Je vous vends la giroflée ;
Voyez-vous la bien coiffée ?
A cause quelle est bien lavée,
Elle croit qu'on parle d'elle !

Je vous vends le myosotis :
Ne dites point de bêtise ;
Parlez-nous poliment,
Vous serez ami de nos gens.

Le premier est une provocation ; le second est une
riposte.

Nos pères étaient fort attachés à ce patois lorrain,
si expressif, parfois si énergique. ayant des notes et des
tournures qu'il est impossible de rendre en un autre
langage. Ils comprenaient parfaitement la langue française ; mais ils n'en usaient que dans leurs écrits.

Les paysans d'abord fréquentaient peu la ville, parce
qu'ils avaient peu de besoins, se contentant, pour vivre,
de leurs produits. Il y en avait même qui, arrivés à la
vieillesse, n'avaient jamais vu Nancy, capitale de la
Lorraine, dont ils n'étaient éloignés que de quatre à
cinq lieues. En revanche, ils fréquentaient ordinairement les *foires*, ou *rapports*, qui se tenaient dans les
environs : à Vic, le 25 juillet, fête de Saint-Christophe ;
on y achetait des faucilles pour la moisson ; à St-Marie-
aux-Bois, près de Bezange, le 8 septembre, fête de la
Nativité. On accourait de loin à ce *rapport*, qui était,
en même temps, but de pèlerinage. Sainte-Marie-aux-
Bois était, d'ailleurs, un lieu charmant, surtout en septembre. Le prieuré de Bénédictins étaient entourés,
de trois côtés, et seulement à une distance de quelques
toises, par de magnifiques forêts. A la place du prieuré,

---

(1) Pour la lecture du patois, voir les notes ci-avant.

il n'y a plus aujourd'hui qu'une maison de ferme, et la chapelle sert de dépôt de fourrages et de grenier. Le moulin qui en dépendait existe encore à peu de distance.

Des scènes burlesques se produisaient à certaines occasions. Nous en citerons deux sortes.

Lorsqu'un veuf ou une veuve convolaient à un nouveau mariage, c'était la coutume de les *bassiner*, pendant plusieurs jours avant la bénédiction nuptiale, coutume à laquelle on se conforme encore à présent dans certains villages. *Bassiner* signifie : faire un *charivari*, un *tintamarre*, devant la maison de chacun des futurs époux. Un grand nombre de personnes, presque toujours des jeunes gens, se réunissent le soir et frappent ensemble à coups redoublés, sur des ustensiles qui résonnent d'une façon désagréable : arrosoirs de jardin, chaudrons de cuivre, bassinoires, pelles à feu et pincettes, platines de four, etc. Ce vacarme assourdit les voisins et ne manque jamais d'exciter la colère des conjoints.

Voici la seconde coutume dont nous voulons parler.

Lorsqu'un mari avait été frappé par sa femme, ce qui n'est guère dans l'ordre habituel, et que le fait avait été appris par les autres habitants, on forçait le voisin à monter à cheval, la tête tournée vers la queue de l'animal, et on le promenait dans le village, malgré sa résistance. Il fallait le punir d'avoir laissé battre son compère. De temps en temps, on lui offrait à boire, se préparant à lui essuyer la bouche, après une rasade, avec un balai de genêt. Ceci amenait quelquefois des rixes et des inimitiés entre les familles ; cet usage ne peut donc être que blâmé.

Malgré la vivacité de leur foi, un grand nombre de paysans se laissaient encore aller à la superstition. Ils croyaient aux *sorciers*, aux *fées*, aux *tiercets* (ogres), aux guérisons par le moyen du *secret*.

Extirper ces croyances malsaines du milieu de nos populations est, paraît-il, chose bien difficile, puis-

qu'aujourd'hui encore on consulte les tireuses de cartes, les somnambules, et on a recourt, comme autrefois,
aux guérisons par le secret.

DEUXIÈME PARTIE

Une Famille de Paysans

VIII

Jacques Aubry

Jacques Aubry naquit à Sornéville en 1680. Il avait déjà de l'âge lorsqu'il épousa Quirine Rougieux, qu'on surnommait la « *Queurine* ». Aubry était un brave paysan, très serviable, très pieux, plein d'énergie, parlant peu, réfléchissant sur toutes choses, agissant toujours avec la plus grande droiture. Mais, pour nous servir d'une expression familière, il était têtu comme un mulet de Provence. Une fois qu'une idée s'était fixée en son esprit, il s'y tenait, malgré toutes les observations qu'on eût pu lui faire.

Jacques et la Queurine vécurent ensemble plusieurs années sans qu'un enfant vînt égayer leur foyer. Enfin, ils eurent la joie, en septembre 1724, de faire baptiser leur premier-né, Joseph.

Grande, sèche, très nerveuse, la Queurine n'avait pas un caractère accommodant. Elle n'était pas méchante, mais grincheuse, éprouvant sans cesse le besoin de gronder quelqu'un de la maison.

Dans sa jeunesse, Jacques avait appris l'état de cordonnier. Ce métier lui rapportait peu, car il n'avait à chausser que le personnel domestique du château et trois ou quatre familles du village. Et puis, les chaussures de ce temps-là duraient plusieurs saisons. On ne se servait de souliers qu'au beau temps, pour aller aux champs. En hiver, on portait des sabots. D'ailleurs, la commune n'était guère peuplée, nous l'avons déjà dit. En 1705, — Jacques avait 25 ans, — on ne comptait pas plus de quarante âmes dans la paroisse, le château excepté. En 1710, d'après un renseignement puisé à bonne source, il y avait exactement 51 personnes. Ce n'est qu'à la fin du XVIIIe siècle que la population s'éleva au chiffre de 500.

Pour augmenter ses ressources et subvenir à l'entretien d'une nombreuse famille dont il était l'aîné, aucune besogne ne répugnait au jeune Aubry. Il sollicita et obtint l'emploi de *hardier*, ou pâtre communal, qu'il exerça plus de dix ans, à la grande satisfaction de toute la communauté. Il ne quitta ce modeste emploi que pour celui de garde du *droit de sauvegarde* et de *bangard*, et était payé 100 livres par an, moitié par le seigneur, moitié par les habitants. C'était du pain pour lui et sa famille. Après avoir fait sa tournée quotidienne sur le ban, il pouvait travailler à son établi de cordonnier.

A l'époque où il était pâtre, on apportait souvent à ses parents des secours en nature, — laitage et œufs, tranches de lard fumé et de jambon, — en témoignage de contentement pour les bons soins qu'il donnait à son troupeau. Le brave garçon se privait quelquefois du nécessaire, pour que le reste de sa famille mangeât à sa faim.

Vivant alors presque tout le jour dans la solitude des champs, il s'était pris à aimer le silence majestueux de la nature. Pendant les longues journées qu'il passait habituellement au-dehors, il n'avait d'autre préoccupation que de surveiller ses bêtes, parfois trop capricieuses, ou de gourmander ses chiens quand ils se montraient récalcitrants.

Le soir, Jacques Aubry reprenait l'alène et le tire-pied, et veillait assez tard pour réparer les chaussures qu'on avait apportées dans la journée.

On le trouvait taciturne, au village ; c'est la seule chose qu'on eût à lui reprocher. A cet état d'esprit, il n'y avait pourtant rien qui dût surprendre : son genre de vie autant, au moins, que son tempérament, en était la principale cause. On aurait pu reconnaître aussi qu'il était accablé de soucis au sujet de l'entretien des nombreux membres de sa famille.

Comme il était connu et apprécié pour un homme de sens droit, ses avis avaient d'autant plus de poids qu'ils étaient plus rares et plus réfléchis.

Lorsqu'on le rencontrait aux champs. il était presque toujours debout, appuyé sur sa longue houlette, son cornet de fer-blanc passé en sautoir, le rosaire à la main, priant de tout son cœur la Vierge Marie pour sa famille, ses concitoyens, son cher pays de Lorraine et son gracieux souverain.

Dans sa simplicité, il ne trouvait rien de plus beau que les spectacles variés et grandioses de la campagne, le silence profond et solennel des grands bois, l'harmonie incomparable des mille bruits qui se produisaient au loin et qui, en arrivant à lui, se confondaient en un magnifique chant d'amour envers le Créateur. Il levait fréquemment les yeux vers le ciel azuré, bénissant et remerciant Dieu de lui avoir inspiré, à lui, le plus pauvre des paysans, le sentiment des beautés de la création, et demandant, comme bien suprême, la paix de l'âme.

Pendant la belle saison, il recueillait des *simples*, et revenait rarement au logis sans en avoir fait une ample provision. Il en connaissait les propriétés, par tradition de famille ; elles étaient destinées aux gens atteints de maladie.

Bon et obligeant, toujours prêt à rendre service aux autres, suivant ses moyens, il était estimé de tous. Respirant constamment l'air vif et pur des champs, il jouissait d'une santé robuste. Au surplus, il vivait très sobrement, subissait sans le moindre murmure, stoïquement, les inconvénients de la neige, des fortes gelées, des bourrasques, en hiver ; de l'ardente chaleur ou des violents orages, en été. Même les jours où il avait souffert de l'inclémence du temps, il visitait encore des malades à son retour.

D'une taille au-dessus de la moyenne, entièrement rasé, selon la mode du temps, il revêtait, en hiver, un grand *rochet* de droguet vert qui lui tombait sur les jambes, avec deux vastes poches, en arrière. Par dessus, il avait une veste, ou *colletin*, de même étoffe, qui descendait jusqu'au milieu des cuisses ; puis des culottes courtes, également en *droguet*, serrées au-dessus du genou par une bande, avec boucle d'acier. Cette bande d'étoffe tenait, en même temps, les grands bas de laine foulée. Les souliers ferrés portaient aussi des boucles d'acier. La coiffure était le chaud bonnet de *poivre-sel*. Par les grands froids ou les pluies persistantes, il jetait, sur ses épaules, une sorte de casaque en peau de bouc ; un bonnet de même provenance, avec oreillettes, remplaçait le *poivre-sel*. Mais alors ses bas de laine étaient recouverts de grandes guêtres en toile d'étoupe.

En été, son accoutrement était des plus simples. Les vêtements étaient de même forme qu'en hiver, mais en toile, rayée bleu et blanc. C'est ce qu'on appelait *grisette* ou *mélangé*, nouvelle fabrication introduite dans le pays par les tisseurs que le duc Léopold y avait appelés. La coiffure était le tricorne en peau de castor, ou le chapeau plat en toile cirée.

Quelle que fût la saison, et par une longue expérience, Jacques Aubry pouvait se rendre parfaitement
compte de l'heure, en constatant la hauteur à laquelle
le soleil était parvenu au-dessus de l'horizon. Les campagnards de ce temps-là ne portaient pas encore la
montre au gousset : acquérir les objets de luxe était au-
delà de leurs moyens.

Le coin de terre où Jacques aimait à faire *pranʒier* (1)
son troupeau de porcs et de chèvres était une lande
isolée, en friches, dans une faille profonde et large,
loin du village, entre deux forêts. Cette lande formait
une sorte de cirque environné de hauteurs boisées,
d'aspect sauvage, d'où sortaient deux sources abondantes :
Macly-Fontaine, dans la gorge la plus rapprochée ;
et la *Pierre-levée*, dans la plus éloignée, au milieu de
fourrés inextricables. Ce canton s'appelait alors, comme
aujourd'hui, les *Friches de Faux*, ou les friches de la
faille.

Il y avait là des chênes et des hêtres clair-semés,
plusieurs fois séculaires, sous lesquels Aubry trouvait
d'excellents abris, tout en rêvant aux vicissitudes des
temps. Tandis que son troupeau mangeait la glandée
ou les brindilles nouvelles, le pâtre recueillait, sous les
hêtres, les faînes dont il retirait sa provision d'huile
pour l'hiver.

En passant de longues journées dans la solitude de
ce beau vallon, il s'était mûri le caractère et avait pris
l'habitude, vivant seul entre ciel et terre, d'élever souvent son esprit vers les choses du monde supérieur. Il
devenait peu à peu, à son insu, un vrai philosophe
chrétien. De loin en loin, il était distrait de ses rêveries
et de ses oraisons par le passage, à travers la lande, de

---

(1) Dans le milieu du jour, et lorsqu'ils sont bien repus, les
troupeaux qui vout en pâturage se couchent pour se reposer,
ruminer et digérer. C'est, en patois lorrain, ce qu'on appelle :
pranʒier — mot d'origine latine.

quelque paysan qui allait amasser du bois mort, ou par quelque bûcheron se rendant à son travail dans la coupe en exploitation.

Jacques Aubry était toujours armé, en hiver, d'un vieux fusil très court que lui avait légué son père. Il le portait en bandoulière, en même temps que son grand cornet de pâtre (le *cône*), et s'en servait quelquefois contre les loups qui venaient rôder près de son troupeau.

Lorsqu'il abandonna son métier de *hardier* (1) *(hédjer)* pour devenir garde des *droits de sauvegarde* et *bangard*, les habitants lui confièrent aussi la surveillance de leurs bois communaux. Il accomplissait, d'une même tournée, les devoirs de ses divers emplois, et passait son temps libre à ressemeler les chaussures. C'est à l'époque où il devint garde qu'il songea au mariage et épousa la *Queurine*. A partir de ce moment, le châtelain lui céda quelques jours de terre en *ascensement* (2), et la femme Aubry les cultiva.

Avec beaucoup de travail et d'économie, ils furent à l'aise au bout de quelques années. La Queurine avait hérité de la petite maison qu'avaient habitée ses parents qui était tout leur avoir. Le ménage Aubry nourrissait une vache, une chèvre, quelques brebis, et un ou deux porcs. Le temps des angoisses était donc passé pour Jacques.

---

(1) Gardien d'un troupeau, ou *harde*.
(2) Terres données par le seigneur, en usufruit, moyennant une faible redevance annuelle, à peu près équivalent à la contribution foncière d'aujourd'hui.

IX

Le Révérend Père François (1).

E presbytère était à peu près au milieu du village (2), dans la grand'rue, au midi. Il n'était pas plus luxueux que la plupart des maisons environnantes. Un jardin potager s'étendait derrière la maison.

Par une belle matinée de la fin de mai 1730, le vénérable père François, ancien prieur de Marsal et, depuis deux ans, curé de Sornéville et de son annexe Moncel, voulut profiter du beau temps pour faire une promenade en forêt.

Après avoir dit sa messe, visité quelques malades de la paroisse, puis déjeuné d'un morceau de pain et d'un peu de fromage ressuyé (3), il était sorti par le jardin, avait suivi le sentier de la *Chardonne* jusqu'à la *Croizette*, et s'était engagé sur le chemin de Hoéville. Tout en marchant, il lisait son bréviaire, s'arrêtant parfois et levant la tête pour humer le bon air du matin et admirer la campagne.

---

(1) Ce chapitre, parfaitement historique, est intercalé dans le présent ouvrage pour faire mieux connaître la *Pierre-Levée* et le village qui l'environne, ainsi que les habitudes d'un curé de campagne à cette époque.

(2) Ancienne maison *Noël-Gallier*.

(3) Le fromage dit *ressuyé* est fait par chaque ménagère avec le *lait caillé*, après que la crème a été enlevée. Elle le sale et le laisse durcir.

Il y avait beaucoup de travailleurs occupés à sarcler les blés, à droite et à gauche du chemin. Les alouettes montaient dans les airs, égayant les laboureurs par leurs chants joyeux et incessants. La température était délicieuse. Un léger brouillard, après avoir couvert les sillons dès le matin, commençait à s'élever dans l'atmosphère et à former de petits nuages blancs très déliés, qu'un faible vent du Sud poussait lentement vers le Nord. De différents côtés, plus loin que les sarcleurs, on pouvait facilement percevoir le bruit des attelages, les claquements du fouet, et même les conversations des cultivateurs. Les oiseaux gazouillaient dans les arbres et les buissons disséminés dans la campagne, où ils avaient perché leurs nids.

Arrivé près du gros poirier appelé *poirier boîteux* ou *poirier Bernard*, planté à droite du chemin, à moins de deux cents toises de la Croizette, le révérend père prit un sentier à travers champs. Dix minutes après, il entra dans le bois de la Fourasse, où il jouit d'une agréable fraîcheur.

Il n'était guère plus de huit heures. La rosée avait disparu. Le rossignol lançait ses trilles à plein gosier; le pinson, le merle, le loriot, le chardonneret et la fauvette à tête noire lui répondaient. Tous les petits oiseaux se faisaient entendre sous la feuillée. Le coucou mêlait sa voix grave et monotone à ce concert. La forêt semblait tout entière animée, dans les branches aussi bien que dans l'herbe, où les insectes parcouraient, silencieux, leurs dédales, tandis que bruissaient faiblement les feuilles des trembles et des bouleaux, agitées par un vent doux.

Le bon père assistait, heureux, au chant d'un hymne magnifique entonné, dans la profondeur des bois, par toute la nature. Il s'arrêtait par instant, le cœur ému, rendant grâce à Dieu, auteur de toutes les merveilles du ciel et de la terre. Puis il reprenait lentement sa promenade, jouissant avec délice d'une si belle matinée. Il termina ses psaumes et la lecture des offices de la journée, mit son bréviaire sous le bras et prit son tricorne à la main. Il déboucha, bientôt après, sur la grande *charrière*, la traversa, dévala une petite sente frayée par les bûcherons à travers le bois *Mange-feuillis*, et arriva enfin dans la partie la plus reculée des Friches-de-Faux. S'arrêtant un moment, il explora des yeux le vallon solitaire, et fut tout heureux d'apercevoir, au milieu de la lande, Jacques Aubry, appuyé au tronc d'un énorme chêne, ses deux chiens couchés à ses pieds.

Le vénérable prêtre avait quitté le presbytère depuis plus d'une heure et se sentait un peu fatigué. Il se dirigea vers Aubry, avec lequel il était toujours heureux de faire un brin de causette. La chaleur, à cette heure-là, commençait à devenir accablante dans les friches.

Le brave paysan était parti de bon matin, avant le lever du soleil, pour faire sa ronde dans les bois communaux. Il prenait un peu de repos avant de retourner au village pour reprendre la *manique*. Quand il vit que le révérend père se dirigeait vers lui, il se trouva tout honoré de cette marque de bienveillance.

— Bonjour, Jacques, dit le pasteur en s'arrêtant près du garde. Belle matinée, n'est-ce pas ? Peut-être trop belle, car il fait plus chaud que d'ordinaire en cette saison. Il n'est guère plus de neuf heures, et je me sens déjà fatigué, par cette chaleur lourde, plus que par la marche. Que pensez-vous de la journée ? Aurons-nous un bel après-midi ?

— Monsieur le Curé, je suis votre très humble serviteur, répondit le garde en soulevant sa coiffure. Puis, levant les yeux et examinant les nuages blancs qui paraissaient immobiles dans l'atmosphère, et ceux qui continuaient à s'élever, du fond de la gorge boisée, pour se condenser à une faible hauteur, Aubry ajouta, en faisant une moue significative et peu engageante :

— L'air, en effet, est déjà lourd. Je crois que nous aurons un orage vers le soir. Les taons et les mouches sont insupportables ce matin, et ce n'est pas bon signe.

Il n'est que neuf heures et demie ; à cette heure encore matinale, il devrait y avoir ici un peu de fraîcheur. C'est le contraire qui a lieu. Au surplus, au lever du soleil, il n'y avait presque point de rosée dans la forêt. D'après mon expérience, tout cela nous annonce un mauvais temps pour la fin de la journée. M'est avis, Révérend Père, qu'il ne faudra pas vous attarder trop longtemps dans votre promenade. Vous êtes loin du village ; arrangez-vous de façon à rentrer au presbytère avant que la *nuée*, qui se formera probablement dans quelques heures, devienne menaçante.

— Puisque rien n'est à craindre avant le soir, répondit le père François, j'ai le temps de reposer un peu mes vieilles jambes.

Il se trouvait si bien au pied et à l'ombre du chêne, assis sur l'herbe, la tête découverte, son chapeau à côté de lui. Il reprit, après quelques secondes :

— Les *hardiers* et les *gardes* sont plus heureux que les laboureurs et les vignerons, par ce temps chaud. Vous en savez quelque chose, Jacques, puisque vous avez fait le premier de ces métiers et que, maintenant, vous faites le second. Ils peuvent se tenir *au coi* (à l'abri) ou à l'ombre toute la journée, soit au bois, soit dans les friches !

— Cela est vrai, Monsieur le Curé. On pourrait même croire qu'ils font un métier de paresseux, parce qu'ils ne *suent* pas autant et aussi souvent que les travailleurs des champs. Ils ont cependant leur utilité, vous le savez. D'ailleurs, en hiver, quand les cultivateurs sont à l'abri dans leurs granges ou près de leur feu, les pieds dans de chauds sabots garnis de paille, se reposant des fatigues de l'été, le *hardier* et le *garde* traînent le *pâchat* (amas de terre collée aux chaussures), le premier, dans les terres labourées ; — le second, dans les sentiers humides et boueux de la forêt. Ils sont alors exposés à toutes les injures du temps, et, parfois, à de mauvaises rencontres, soit de malandrins, soit de bêtes fauves. Il

me semble qu'en cette saison de froid, de pluie ou de
neige, leur sort n'est pas très enviable.

— Vous avez raison, Jacques. Chacun remplit son
rôle, en ce bas monde, et il n'y a pas de sot métier. Ne
parlons plus de cela. Je voulais simplement vous ta-
quiner.

Votre femme est malade. Je suis allé la voir ce matin, en sortant de l'église, et je l'ai trouvée très faible.
Cependant, je ne vois rien qui puisse vous alarmer.

— La maladie de Queurine est, depuis quelques jours,
mon plus grand souci. Elle est encore jeune ; je puis
espérer la voir se rétablir ; mais la crainte de la perdre
m'ôte bras et jambes. Que deviendrais-je si Dieu voulait
la rappeler bientôt à lui ?

— Mon cher ami, nous n'avons pas à discuter les dé-
crets de la Providence, dont les desseins sont impéné-
trables. Tout ce que Dieu fait est bien ; toujours il agit
en vue de notre bonheur. Résignez-vous, Jacques ;
obéissez sans murmure à sa volonté sainte ; bénissez la
main qui peut vous frapper dans le temps pour vous
récompenser dans l'éternité. Soyez courageux dans l'é-
preuve : elle n'aura qu'une durée passagère. Rien n'est
désespéré, je vous le répète. Je suis convaincu que vous
pourrez encore goûter le bonheur en ce monde.

Au revoir, Jacques, et bon courage ! Il fait si bon
dans la forêt que je suis résolu à faire un long détour·
Je passerai quelques minutes près de *Macly-Fontaine*,
puis je monterai jusqu'à la *Pierre-Levée*. J'y serai dans
une demi-heure, trois quarts d'heure au plus. Je m'y
reposerai un peu ; je rejoindrai ensuite la tranchée principale du haut de Grand-Velle et descendrai sur *Nairifeu* par les prés de l'Etang Voinard. J'en ai à peine pour
deux heures. Je serai chez moi avant midi.

— Au revoir, mon Révérend Père. Permettez-moi de
vous réitérer que la nuée se formera, au plus tard, vers
deux ou trois heures après midi. Il faut éviter l'orage.

Le vénérable prêtre reprit son tricorne, se leva, serra
très affectueusement la main du garde et s'éloigna.

Après avoir suivi le sentier qui serpentait au fond du vaste cirque, il gravit un raidillon qui aboutissait à Macly-Fontaine et s'arrêta pour souffler. Il huma, dans le creux de sa main, un peu d'eau qu'il prit à la source, et se remit en marche par le sentier de gauche. Il s'engagea sous les hautes futaies et se trouva bientôt sur un large chemin herbeux, servant uniquement à la vidange des coupes. Une demi-heure plus tard, il devait arriver à la fontaine sacrée des Druides.

Il prenait son temps, allait à petits pas, jouissant des senteurs agréables qui se dégageaient des fleurs, au bord du chemin, et des âcres parfums des plantes sylvestres, en pleine sève de printemps.

A mesure que la chaleur augmentait, les oiseaux se taisaient et se cachaient dans les feuillages ; mais des myriades de moucherons, tourbillonnant autour du bon père, l'importunaient et le suivaient dans sa marche.

Il s'avançait sous des hêtres énormes, dont les branches s'entrelaçaient et formaient au-dessus du promeneur une voûte presque impénétrable aux rayons du soleil. Il n'entendait plus guère que le roucoulement plaintif des tourterelles. Le silence majestueux de la forêt lui causait une émotion indicible ; il croyait être, en ces instants, plus près de Dieu.

Enfin, il arriva près de la fameuse fontaine de la station druidique. C'était le point extrême de sa promenade.

X

La Pierre-Levée. — L'orage.

L e site était admirable. L'excellent prêtre était venu plusieurs fois, depuis deux ans, y passer une heure ou deux en été. La fraîcheur produite par l'eau de la source ; le bourdonnement des insectes dans la clairière voisine ; parfois le babil des fauvettes et les roulades du rossignol ; le chant grave du loriot et du coucou ; le léger bruissement du vent, qui, glissant mollement à travers les branches, en balançait les rameaux ; le doux claquement des feuilles de tremble et de bouleau ; le murmure du ruisseau, dont l'eau, transparente comme le cristal, tombait en légères cascades sur la pente rapide de la faille ; tout invitait le bon religieux à faire, en ce lieu, une longue pausse.

Il n'en fut pas tout à fait de même ce jour-là. Comme il aimait la solitude, il était là servi à souhait. Mais, au lieu du bruit ordinaire, il y régnait un silence à peu près complet.

Il s'assit sur une touffe de bruyère, sous laquelle verdissait une mousse veloutée. Sa pensée se reporta sur quelques souvenirs historiques de sa jeunesse, puis monta dans le passé, aux temps lointains où les *Leuci* des environs se rendaient, en foule, à la *Pierre-Levée* pour assister à la célébration du culte mystérieux des Gaulois, ainsi qu'à leurs sanglants sacrifices. Il compa-

rait ces temps de barbarie à l'époque contemporaine,
— le culte païen des peuplades du nord-est avec les
immolations de victimes humaines, le culte chrétien
avec le sacrifice non sanglant de la messe, qui a civilisé
les peuples de l'ancien monde.

La source dont nous parlons était très abondante au
xviiie siècle. Elle surgissait du sol par une sorte de
conduit naturel, entre deux hautes pierres, plantées
debout, espacées d'environ deux pieds, semblables à
des *menhirs*, à vingt-cinq ou trente pas en aval du point
où commençait la dépression de la faille diluvienne qui
s'élargissait en cirque aux Friches de Faux.

Sur les deux énormes supports, s'étendait horizonta-
lement une large dalle de calcaire dont les extrémités
s'étaient effritées dans la suite des siècles. Le *dolmen*
était en contre-bas du plateau occidental. Le sol du
terrain supérieur, par un glissement très lent, mais qui
durait depuis plus de deux mille ans, avait entièrement
recouvert l'autel druidique. Des broussailles de prunel-
liers retenaient la terre en avant, jusqu'au dessus du
petit bassin que l'eau s'était creusé. Un grand chêne,
dont les basses branches s'étendaient à douze ou quinze
pieds à l'entour de ce bassin, avait poussé sur le sol
·arable qui recouvrait la dalle. Ce centenaire, toujours
respecté au moment des coupes affouagères, s'élevait
au milieu d'une clairière dont la mousse, très épaisse et
du plus beau vert, offrait un agréable tapis pour le repos
des promeneurs fatigués.

Lorsque le duc Léopold allait chasser dans la forêt
de *Faux*, avec des invités de haute marque, quelquefois
même des princesses ducales, le rendez-vous était à la
Pierre-Levée pour le déjeûner de midi. Il n'y avait point
de pavillon de chasse ; mais, sur la recommandation du
souverain, le grand-veneur avait fait placer, autour de
la clairière, des bancs en pierre polie, et planter des
arbres fruitiers. En été, on déjeûnait sous les cerisiers,
rouges de cerises, et sous les pommiers en fleurs. En
automne, on y cueillait les poires du dessert. Les

gardes et les piqueurs montaient aux arbres et remplissaient de fruits de jolies corbeilles qui circulaient ensuite
parmi les dames et les chasseurs. L'excellente eau de la
source désaltérait les convives et rafraîchissait les vins
apportés. Une longue et large charrière, tapissée d'une
herbe courte et drue, allait, jusqu'en ligne droite, des
terres de Réméréville à celles de Bezange, séparant les
bois du prince de ceux du seigneur et de la communauté
de Sornéville. C'est dans cette charrière que roulait, les
jours de grande chasse, traîné par six ou huit chevaux,
un lourd chariot destiné à recevoir le gibier abattu.
Les paysans des environs appelaient ce chariot : « *le
Boudin* ». Aussitôt ramené à Lunéville, le gibier était
distribué presque totalement à l'hôpital et aux pauvres
de la ville (1).

Le bon prieur se remémorait tout cela. Et pendant
qu'il songeait au passé, la lourde chaleur de cette matinée fit sur lui son effet habituel ; il s'étendit sur la mousse
et insensiblement s'assoupit.

Il était depuis longtemps dans le pays des rêves, lorsqu'il fut réveillé brusquement par un formidable coup
de tonnerre, dont l'éclat se répercuta, en roulements
prolongés, dans les profonds ravins des environs. Le
révérend père se leva prestement, confus de s'être laissé
gagner ainsi par le sommeil. Il n'était plus en mesure
de se rendre compte de l'heure qu'il pouvait être, ni de
la direction qu'il fallait prendre pour s'en retourner ; le
réveil avait été trop brusque pour lui permettre d'envi-
sager, tout d'abord, sa situation avec le sang-froid nécessaire en pareille occasion. Cependant, à un moment
donné, un rayon de soleil, le dernier qui filtrât à travers
les rameaux du chêne, avant que la nuée eût entièrement
couvert l'étendue de la forêt, lui donna le moyen de
s'assurer que l'astre du jour déclinait sur l'horizon, au
couchant, et qu'il était déjà au tiers ou au quart de la

---

(1) La description des lieux est exactement celle que notre aïeul
a constatée dans sa jeunesse, avant 1780.   5

descente. Il en conclut qu'il devait être de deux à trois heures après-midi. Il avait d'abord été désorienté ; mais, sachant, par expérience, que le tronc des arbres se couvre de lichen à l'aspect du nord, il reconnut la direction à prendre, et se hâta de s'en retourner.

Son repos avait duré trop longtemps ; il en fit des *meâ culpâ*.

L'atmosphère devenait étouffante, à peine pouvait-on respirer ; le ciel s'obscurcissait de minute en minute. De noirs nuages fuyaient vers le nord-est et s'y amoncelaient. De fréquents éclairs illuminèrent, par intervalles de plus en plus rapprochés, les rares espaces vides qui traversaient le sentier. Les roulements sourds du tonnerre devinrent saccadés. La nuée approchait en s'assombrissant toujours davantage. La pluie ne pouvait tarder à tomber.

Tout à fait isolé au milieu d'une vaste forêt, loin de sa demeure, au moment où un orage menaçant allait crever, le père François faisait de grandes enjambées pour atteindre, au plus tôt, la large tranchée aboutissant au coin du Grand-Velle. Il allait aussi vite que le permettaient son âge et ses forces.

La pluie le surprit sans qu'il fût hors des futaies. Les grands arbres qui bordaient le chemin des affouages le tinrent cependant à l'abri, non de la pluie, dont les grosses gouttes ne tenait plus sur les feuilles, mais du vent très violent qui venait de se déchaîner. Il avait, en même temps, une peur terrrible que la foudre s'abattît sur un des hauts chênes sous lesquels il s'avançait ; c'est ce qui l'empêchait de s'appuyer un instant, pour reprendre haleine, contre le tronc de l'un d'eux.

Il parvint enfin à l'orée du bois. Il pouvait être trois heures. Il lui fallait encore, par ce temps affreux, près de trois quarts d'heure pour arriver au village. Sur la grande voie qu'il avait à suivre, on ne trouvait pas d'autres abris que les buissons d'aubépine qui séparaient les champs cultivés de la route pleine d'ornières, et où l'eau ruisselait.

L'orage redoublait de fureur. Le vent sifflait lugu-
brement sur la cime des arbres et à travers les buissons.
Les éclairs se succédaient presque sans interruption,
aveuglaient le pauvre prêtre, qui, en même temps, était
assourdi par d'effrayants coups de tonnerre. Baissant la
tête pour marcher plus facilement contre le vent, il ne
voyait plus que les ornières formant des ruisseaux.
Trempé jusqu'aux os, il n'avait rien pour se protéger,
ni manteau, ni parapluie, ni bâton pour s'appuyer. Son
tricorne coulait comme les gouttières d'un toit. Sa pauvre soutane était collée sur lui et lui battait les jambes.
Il allait péniblement, entendant clapoter l'eau dans ses
trop larges souliers. Toutefois, à cette heure de détresse,
il ne pensait guère à lui, mais à ses ouailles : « Pourvu
qu'il n'ait point grêlé sur quelques parties du ban ! » se
disait-il.

Le fléau de la grêle était la ruine du laboureur et du
vigneron, à une époque où l'assurance mutuelle pour
les récoltes n'était point connue. Il n'y avait pas, non
plus, d'assurances contre l'incendie. Grâce aux précautions minutieuses prises par les villageois, ce dernier
fléau éclatait rarement.

Ses angoisses augmentèrent, lorsqu'après un strident
coup de foudre, il constata que des grêlons, de la grosseur d'une noisette, tombaient avec la pluie. Il est vrai
que les champs auprès desquels il cheminait étaient
semars (en ensemencés). Rien donc n'étaient à redouter
de ce côté. En était-il de même pour le reste du *ban*, et
surtout pour le vignoble ?

Le saint homme priait avec toute la ferveur possible,
suppliant Dieu d'éloigner le fléau redouté, d'épargner
la paroisse ! A peine fut-il parvenu au carrefour où le
sentier de la forêt s'embranchait sur le grand chemin,
qu'une frayeur d'un autre genre vint l'assaillir. Il n'était
donc pas au bout des épreuves de cette journée ?

A vingt pas devant lui, au bord de la chaussée et tout
contre la haie, il aperçut deux hommes qu'il ne put
d'abord reconnaître, tant la pluie lui fouettait le visage.

Un de ces hommes était étendu par terre ; l'autre était penché sur lui. A côté d'eux, il y avait deux gros fagots de genêt mort. Le père François, appréhendant un malheur, fut tout bouleversé ; en temps d'orage les accidents sont si fréquents !

Malgré le mouvement précipité du cœur, qui lui coupait la respiration, il s'approcha des deux hommes aussi vite qu'il le put, — car on avait peut-être besoin de son saint ministère. Tout en marchant, il joignait les mains, levait son regard vers le groupe et répétait, tout ému : « Seigneur, protégez-les ! Ayez pitié des pécheurs ! »

Aussitôt qu'il fut près des paysans, il reconnut deux paroissiens ; un vieillard, Jean-Pierre Gouvenez, et un jeune homme, Jean-Louis, fils du premier. Le vieillard, tombé sur les pierres roulantes du chemin, ne donnait plus signe de vie. Le fils, que le chagrin suffoquait, essayait de le ranimer par des frictions sur la poitrine.

Le prêtre se baissa, passa une main sous la chemise du père Gouvenez et sentit bientôt que le cœur battait faiblement. Un peu rassuré, il joignit ses soins à ceux de Jean-Louis pour activer la circulation du sang chez le malade, qui, après quelques minutes, rouvrit les yeux, et poussa un soupir. Avec l'aide de son fils et du curé, il parvint bientôt à se mettre sur son séant. La pluie mêlée de grêle lui frappait le visage et le glaçait. Il se passa près d'une demi-heure avant qu'il pût se tenir debout. Ses jambes semblaient être paralysées.

Enfin, les deux braves sauveteurs prirent le pauvre homme chacun par un bras, et il put marcher lentement, péniblement, reprenant un peu d'énergie à mesure que le sang circulait en lui plus activement. Ils mirent beaucoup de temps à faire le trajet qu'il fallait parcourir jusqu'au village. Les fagots de genêt furent abandonnés au bord du chemin.

A la Croizette, ils rencontrèrent le garde Aubry. La pluie cessait ; le vent s'était apaisé ; l'orage fuyait vers l'horizon, et quelques pâles rayons de soleil perçaient les nuages vers le couchant.

Pendant que le père François continuait sa promenade du matin vers la Pierre-Levée, Jacques était rentré au village. Dans l'après-midi, lorsqu'il s'aperçut que la nuée devenait menaçante et couvrait toute la largeur de l'horizon, une inquiétude le saisit dont il fit part à la Queurine. Le révérend père était-il de retour ? Ne pouvant maîtriser ses appréhensions, il avait jeté sur ses épaules la peau de bouc qui lui servait de manteau en hiver, et s'était rendu au presbytère, où *Babeth* (diminutif d'Elisabeth) la gouvernante, était dans l'angoisse.

Monsieur le curé n'était point rentré !

Aubry attendit encore une demi-heure, laissant passer le plus fort de la bourrasque qui venait de se déchaîner. Puis il voulut aller au-devant du vénérable pasteur par le chemin de Faux, et s'était arrêté près de la croix, à la bifurcation des chemins, ne sachant de quel côté diriger ses pas. Il aperçut enfin le père François et les deux Gouvenez, qui allaient lentement, à petits pas, dans la boue et les flaques d'eau, et qui, arrivant près de lui, étaient exténués et grelottaient sous leurs vêtements collés au corps. Aubry jeta sa pelisse sur les épaules du malade, qu'ils accompagnèrent tous trois jusqu'à sa demeure.

La mère Jeannette, voyant son homme en si pitoyable état, perdait la tête, se lamentait, ne savait que faire et se recommandait à tous les saints du paradis. Le curé lui fit allumer un grand feu à l'âtre et préparer le lit, qu'il bassina lui-même ; puis il passa au pauvre homme du linge sec chauffé à la flamme, le mit au lit, recommanda de préparer une tisane bien chaude, de fleurs de tilleul, qu'Aubry apporta, et dont on fit boire une infusion au vieillard.

Le révérend père François les quitta pour rentrer au presbytère. Il avait, lui aussi, besoin de se soigner. — « Jésus ! Maria ! » s'écria Babeth, la gouvernante, en l'apercevant. « Comme vous voilà arrangé, Monsieur le « curé! Venez vite près du feu à la cuisine ».

Et elle jeta dans l'âtre, sous la vaste cheminée, la moitié d'un fagot, qui flamba aussitôt. Puis elle apporta du linge de rechange et des vêtements chauds. Tandis que le saint homme étendait les pieds et les mains vers la flamme, il aperçut, dans les cendres, une terrine contenant le bouillon préparé pour le repas de midi. Il en but à même deux ou trois gorgées. Mais le grand feu clair ne parvint pas à lui dégourdir les membres. Etant resté longtemps sous la pluie, il avait pris froid, et bientôt il se mit à grelotter et à claquer des dents. La gouvernante l'engagea à se coucher.

La fièvre se déclara vers le soir et le retint plus d'un mois à la maison. Dès le lendemain, un exprès fut dépêché à Marsal pour qu'un religieux vînt administrer la paroisse pendant la maladie du curé.

Sa vigoureuse constitution et les soins dont il fut entouré le tirèrent de ce mauvais pas. Quant au père Gouvenez, son indisposition n'avait pas duré plus de quinze jours. Il avait été suffoqué par la foudre. Son fils Jean-Louis ne pâtit aucunement de cette malheureuse journée.

Tout est bien qui finit bien.

XI

Les enfants de Jacques Aubry.

ous avons dit que les époux Aubry, mariés en 1720, avaient vécu quatre ans ensemble sans espoir de postérité, et qu'enfin leurs secrets désirs furent accomplis en 1724, époque où la Queurine donna le jour à un fils qui fut baptisé le lendemain de sa naissance et reçut le prénom de Joseph.

Nous voici maintenant en mai 1730. Le ménage Aubry est égayé par le petit Joseph, qui a déjà près de six ans. Mais un malheur est tombé sur le pays l'année précédente. Toute la population lorraine pleure son duc bien-aimé. L'antique et fière nation est frappée de deuil. Léopold, qui s'intitulait « premier des ducs de l'Europe », et qui avait le droit de prendre le titre de *Majesté royale*, comme descendant direct, et en ligne masculine, des rois de Hongrie, d'Aragon, de Sicile et de Jérusalem, était mort d'une fluxion de poitrine le 27 mars 1729. La consternation était générale dans le pays.

Son fils, François-Etienne, venait de lui succéder. De tristes rumeurs se propageaient dans ses Etats. On s'attendait à de douloureuses décisions au sujet de l'indépendance de la Lorraine. Le jeune souverain avait épousé Marie-Thérèse d'Autriche, héritière de la couronne impériale d'Allemagne. Sous les derniers rois de France, — Louis XIII et Louis XIV — la petite nation avait été durement traitée. Il avait fallu l'inépuisable bonté et le grand cœur de Léopold pour faire oublier, à ses fidèles sujets, que le temps des angoisses patriotiques approchait.

Et, en effet, quelques années après, en 1735, le traité de Vienne allait se conclure, qui devait donner à Stanislas Leczinski, roi détrôné de Pologne, beau-père de Louis XV, la souveraineté de la Lorraine, — mais à titre viager seulement. Notre belle et vieille nation devait, à la mort de Stanislas, être réunie à la France, par droit de succession, et perdre complètement son indépendance presque sept fois séculaire.

Le traité de Vienne ne devint définitif qu'en 1738. Et c'est en cette année mémorable que nos pères ont pu, la mort au cœur, répéter ce cri douloureux : « Finis Lotharingiœ » !

Aubry, vrai patriote lorrain, fut très affecté de ces évènements. Le deuil de la nation pesait, en 1730, sur tous les esprits.

La maladie de sa femme avait duré quelque temps et avait donné de vives inquiétudes. Trois semaines après la rencontre du prêtre et du garde, aux Friches de Faux, elle commença à reprendre des forces, et Jacques revint à l'espoir. Quand elle fut tout à fait remise, les soucis s'envolèrent.

Une nouvelle joie de famille leur était réservée deux ans plus tard. En 1732, naquit leur second fils, baptisé le 1er juillet de cette même année. Il reçut le prénom d'*Anthoine*.

Trois ans après, la famille Aubry se compléta par la naissance d'un troisième fils, qu'ils appelèrent *Jean-Joseph*. Ce dernier, né le 22 septembre 1736, et qui va nous occuper tout particulièrement, eut pour parrain Joseph Chardon, laboureur, et pour marraine Anne Petitjean, épouse de Jean Prédelot, amodiateur, tous deux de Sornéville.

La maison, autrefois triste et silencieuse, s'égayait de plus en plus du babil des enfants, qui furent élevés suivant les principes chrétiens, et d'après les conseils du père François. On travailla dur, chez les Aubry; mais on vécut un peu plus à l'aise qu'autrefois, cultivant les terres *ascensées,* sans oublier cependant de rendre service aux gens du village.

C'est à cette même époque que Jacques Aubry devint *marguillier* de la paroisse et *échevin de ville* (1). Tout semblait aller à souhait dans le ménage ; le temps des épreuves paraissait être oublié. Les trois frères grandissaient et jouissaient d'une excellente santé.

Joseph et Anthoine fréquentaient l'école paroissiale, tenue par le régent Nicolas Jullier. Jean-Joseph les y suivit deux ans après, en 1741, Nicolas Jullier fut remplacé par Joseph Thomas, qui dirigea la classe de 1745 à 1758.

Les enfants Aubry étaient intelligents, laborieux, assidus ; le *régent* les donnait comme modèles aux autres enfants de la paroisse. Joseph ayant quitté l'école à treize ans, travailla aux champs avec sa mère. Anthoine y acheva ses études à 15 ans, en 1747. Le brave maître Thomas lui avait enseigné, avec succès, tout ce qu'il avait appris lui-même : lire, écrire et compter, et lui avait fait acquérir une fort belle écriture.

A cet âge, le second des Aubry, plus robuste que son aîné, était déjà un solide gars, bien taillé, bien découplé, courageux jusqu'à la témérité. Il avait fait sa première communion à treize ans. A cette occasion, dame Baudouin, née Henriette de Pleneuf, lui avait fait cadeau d'un beau livre *d'heures.*

De 15 à 17 ou 18 ans, Anthoine, au lieu de travailler à la terre, seconda son père dans la surveillance des bois communaux. Il apprit ainsi à connaître toutes les parties boisées du territoire seigneurial.

Un vieux garde-chasse du chevalier de Baudouin étant devenu impotent, le seigneur, qui avait toute confiance en lui, voulut lui conserver sa situation parmi

---

(1) On dirait aujourd'hui : *Conseiller municipal.*

les serviteurs du château, sur lesquels ce garde-chasse avait beaucoup d'influence. Mais le service exigeant une surveillance incessante, messire de Baudouin décida qu'un jeune homme actif, de ferme caractère, lui serait adjoint. Il fit venir chez lui Jacques Aubry, et lui offrit cet emploi pour son fils cadet. La proposition fut acceptée. A partir de ce jour, Anthoine fut compris dans le personnel domestique du château.

Pendant les premiers temps, le vieux garde-chasse emmenait avec lui le jeune Aubry jusqu'à l'orée du bois, s'asseyait sur le revers du fossé, tandis que son suppléant, pour exécuter les ordres reçus, s'enfonçait sous les charmilles, le fusil à l'épaule, et parcourait les différents cantons boisés soumis à leur surveillance. Il s'agissait parfois de détruire les lacets tendus, ou de surprendre les braconniers, alors très nombreux, de les appréhender ou de les mettre en fuite, tout en faisant disparaître les marques faites dans les branchages pour retrouver les *coulées* où le petit gibier avait l'habitude de passer. D'autres fois, il fallait déterminer exactement la *remise* des grosses bêtes, pour une chasse prochaine.

Anthoine s'acquittait à merveille, malgré son jeune âge, de ces multiples et quelquefois dangereuses besognes. Il y apportait beaucoup d'ardeur, et ne redoutait rien. Plusieurs fois, des coups de fusil, dirigés sur lui, à travers les arbres des futaies sans l'atteindre, n'avaient fait qu'augmenter sa prudence, sans affaibir son courage. Il avait la volonté bien arrêtée de se faire toujours craindre des braconniers.

Il remplit ce rôle, relativement secondaire, pendant quatre ans, à la grande satisfaction du seigneur. Après ce temps d'apprentissage d'une vie exposée chaque jour à des dangers de diverses sortes, le jeune homme perdit son guide. Le brave garde, resté célibataire, mourut chargé d'années. Messire de Baudouin lui fit faire des funérailles comme à un membre de sa propre famille. Tout le château y assista, maîtres et serviteurs.

Au retour du cimetière, le seigneur accosta Anthoine et lui dit, lui frappant sur l'épaule :

— « Anthoine, tu remplaceras désormais celui qui « vient de paraître devant Dieu, et qui fut toujours un « bon et loyal serviteur. Je connais tes sentiments « dévoués, ton sang-froid ; marche sur les traces de « ton ancien, et tu n'auras qu'à te féliciter d'être à mon « service ».

A dater de ce jour, le second fils de Jacques Aubry fut garde-chasse en titre. Bientôt après, grâce à son énergie et à son zèle pour son noble maître, les autres serviteurs de la maison se soumirent à son influence, comme ils l'avaient fait pour son prédécesseur.

XII

Une chasse au bois de Faux.

E comte de Chabo, grand-louvetier de Lorraine et Barrois, brigadier des armées du
roy, colonel des Volontaires royaux, séjournait une partie de l'année à Lunéville, en
raison de la première de ces charges.

Lorsque des battues avaient lieu dans les environs de Sornéville, il passait deux ou trois
jours au château dudit lieu, près de son ami le chevalier
de Baudouin.

Il y vint à diverses reprises, et notamment pendant
l'hiver de 1751-1752. Au mois de septembre de cette
dernière année, étant de retour à la cour de Lunéville,
il prit part aux chasses royales organisées dans la forêt
de Faux par le grand-veneur de Stanislas. Plusieurs
nobles seigneurs du pays y furent invités. Parmi eux,
on distinguait : le comte de Rutant, le baron de Mahuet,
le comte de Bréhant-Bihy, capitaine aux Dragons de
la reine, chambellan du roi de Pologne. Il va sans dire
que messire Baudouin de Sornéville, dont le domaine
avoisinait ceux du roi, était au nombre des privilégiés,
accompagnant son ami, le comte de Chabo.

Pendant ces chasses, un incident qui eût pu avoir des
suites déplorables, mit en relief la valeur d'Anthoine
Aubry.

C'était au commencement du mois. Pour rejoindre
les seigneurs de la cour et les princes au lieu du rendez-
vous, messires de Chabo et de Baudouin avaient quitté

le château de Sornéville vers la pointe du jour. Une pluie fine et pénétrante était tombée toute la nuit. Mais le temps s'était éclairci à l'aube, et l'aspect du ciel semblait promettre une bonne journée.

Les deux gentilshommes étaient à cheval. Les piqueurs retenaient difficilement les chiens accouplés. On entendit bientôt, dans le lointain, sonner du cor pour le ralliement.

La chasse commença peu après le lever du soleil, et avec beaucoup d'entrain. Les gardes avaient signalé, la veille, une famille de sangliers sous les fourrés de la Backrenwelle, et les rabatteurs devaient la pousser vers la grande tranchée.

Anthoine Aubry, suivant son habitude et d'après les ordres qu'il avait reçus, était parti un peu avant les piqueurs, pour surveiller les braconniers aux confins des bois communaux.

A cette époque, comme aujourd'hui, les gens sans scrupules se postaient à l'issue des sentiers, sur les champs, et abattaient clandestinement le menu gibier qui fuyait loin des chasseurs et des meutes. Pour ces maraudeurs, les jours de grande chasse étaient des jours très productifs.

Le jeune garde n'allait jamais en forêt sans être accompagné de son chien Turc, animal de forte taille, très fidèle à son maître, très doux envers les étrangers quand ils n'essayaient pas de molester Anthoine en sa présence. Arrivé près des ruines de ce qu'on appelle encore le *château des Sarrasins*, sur la lisière de la forêt, et avant de s'asseoir sur un des blocs de ciment romain qui gisaient sur le sol, et qu'il avait choisi pour se reposer plus à l'aise, Anthoine plaça son fusil contre le tronc d'un baliveau. Il tira ensuite, de sa gibecière, un morceau de pain et une assez large tranche de lard fumé ; puis amassa quelques brindilles de bois mort, une poignée d'herbe sèche, à laquelle il mit le feu (1). Lorsque les brindilles flambèrent, il passa au-dessus sa tranche de lard, dans laquelle il avait piqué une baguette de coudrier. Aussitôt que le lard fut cuit à point, Anthoine déjeûna d'un fort bon appétit.

Faire la tranche est une expression encore en usage dans le pays ; cuit de cette façon, le lard est très savoureux.

De temps en temps, pendant la cuisson, il avait fait couler la graisse sur son pain. Pendant qu'il mangeait, Turc, couché à ses pieds, jetait un œil d'envie sur les bouchées qu'avalait prestement son jeune maître, et happait, par instants, une bribe ou une couenne qui lui était jetée.

Après ce premier et substantiel repas, qu'il compléta par une rasade du vin que contenait sa gourde, le fils Aubry suivit lentement les abords de la forêt et pénétra sous le couvert pour s'arrêter à un endroit où se croisaient plusieurs petits sentiers. De là, il entendait distinctement les aboiements de la meute et le galop des chevaux dans les tranchées. Ces bruits semblaient même augmenter d'intensité, devenir plus sonores d'instant en instant.

Au bout de quelques minutes, il n'entendit plus résonner le sabot des chevaux ; cependant, à n'en pas douter, la meute se rapprochait.

N'ayant rencontré aucun braconnier au débouché des sentes où il était venu prendre position, il se félicitait de n'avoir à réprimer aucun délit, lorsqu'un coup de feu, tiré à quelques centaines de pas de l'endroit où il se trouvait, lui fit dresser l'oreille. Immédiatement après, il entendit des appels de détresse. Anthoine prêta toute son attention pour être plus sûr, si les cris se répétaient, de la direction qu'il faudrait prendre. Mais il n'entendit plus rien. Alors il s'élança du côté

---

(1) On se servait, pour obtenir du feu, d'un *briquet*, d'une pierre *en silex*, et d'un morceau *d'amadou*.

d'où il supposait qu'avait éclaté le coup de feu, et où
l'on pouvait avoir besoin de secours. Il traversa les
broussailles qui croissaient sous bois, se déchirant,
dans sa précipitation, les mains et le visage aux ronces
et aux épines. D'ailleurs, il n'avait qu'à suivre *Turc*,
dont le flair ne pouvait le tromper. Deux minutes après,
il perçut distinctement le bruit sec de rameaux qui se
brisent. Donc il approchait du lieu où sa présence pouvait être nécessaire. Il parvint au point culminant où
commençait à se former le ravin qui, s'élargissant peu
à peu, descendait au bas des Friches de Faux. A travers
les ramilles, il aperçut enfin le comte de Bréhaut-Bihy,
tombé à quatre ou cinq pas de la grande tranchée, sur
la pente du ravin. Le cheval du chambellan était attaché,
par la bride, à une forte branche d'épine au bord de la
charrière. Le jeune seigneur faisait de vains efforts
pour se relever ; il ne pouvait y parvenir.

Le garde-chasse s'approcha, dégagea le pied du
capitaine pris dans une racine tortueuse, lui aida à
se remettre debout. Ce ne fut pas sans peine qu'il put
le faire avancer de quelques pas, jusqu'à un jeune
chêne près duquel le noble officier arriva, soutenu par
Anthoine, et traînant la jambe. Adossé à l'arbre, il prit
son pistolet d'une main, et, de l'autre montrant le fond
du ravin, il cria au jeune paysan : — « Garde à vous ! »

Anthoine se retourna et aperçut, à vingt pas, un sanglier de belle taille qui remontait la pente et se dirigeait
de leur côté. Le jeune garde saisit son fusil, visa le
solitaire et lui envoya une charge de chevrotines.

La bête, probablement touchée, poussa un sourd
grognement, s'arrêta quelques secondes, puis reprit sa
course. Une balle de pistolet, envoyée par le comte,
ne fit qu'effleurer la hure.

Le moment était critique, surtout pour l'officier, qui
ne pouvait bouger, le pied droit le faisant trop souffrir.
Turc, le poil hérissé, harcelait le sanglier, qui lui faisait tête, et en recevait un coup de boutoir à l'épaule.
C'est alors que le garde tira un long couteau de chasse

de la ceinture du capitaine, s'élança sur l'énorme bête, brandit son arme une seconde et, d'un coup vigoureux, lui en plongea la large lame dans le flanc. Le solitaire glissa sur la terre détrempée, tomba et roula jusqu'au fond du ravin. Le coutelas, resté dans la plaie, s'enfonçait davantage à chaque culbute de l'animal, qui, au bas de la pente, resta étendu, poussant des grognements plaintifs. Aubry rechargea son fusil, descendit lentement, vit le solitaire faire un soubresaut et retomber lourdement. Il était mort.

Quelques chiens découplés arrivèrent à ce moment et poussèrent des aboiements furieux. A la vue du sanglier étendu sans vie au fond du ravin. le piqueur qui suivait les chiens sonna un hallali ; quelques instants après, plusieurs chasseurs accoururent à l'endroit où gisait la bête.

Pendant que le piqueur était occupé à la *servir*, Anthoine, revenu près du capitaine, l'avait fait asseoir sur l'herbe, lui avait enlevé ses grandes bottes et ses bas. La jambe droite était toute gonflée à la cheville ; les mouvements imprimés au pied le faisaient cruellement souffrir. Il avait une foulure ou une entorse. Le garde-chasse descendit au ruisseau qui coulait au fond du ravin, remplit sa gourde, revint aussitôt, prit le mouchoir du blessé, lui appliqua sur la cheville trois ou quatre compresses successives d'eau fraîche, banda fortement la jambe, porta le capitaine près du cheval, lui aida à prendre l'étrier gauche et le hissa sur sa monture.

Une fois en selle, M. de Bréhant put supporter la douleur qu'il éprouvait, appuyant légèrement le pied droit sur l'étrier. Aubry l'accompagna jusqu'à la Pierre-Levée, lieu du rendez-vous ; mais il fallut aller au pas. Là se trouvaient le roi Stanislas avec quelques dames, un médecin et plusieurs des serviteurs du souverain. Le médecin faisait partie de toutes les chasses royales, pour le cas où il surviendrait un accident.

Voici ce qui s'était passé avant qu'Anthoine accoûrût :

Posté à l'endroit qui lui avait été assigné, en un point de la grande tranchée où aboutissait un étroit sentier de bûcherons, le comte de Bréhant-Bihy avait attaché son cheval à la plus forte branche d'un buisson. Son fusil en main, un pistolet de fort calibre à la ceinture, il attendit patiemment. Une partie de la meute se rapprochait de lui peu à peu ; il l'entendait de plus en plus distinctement ; mais, à son appréciation, elle devait être encore dans le fond de la Backrenwelle, assez loin de l'endroit où il stationnait. Les chiens poursuivaient une litée de *ragots*, conduite par une énorme laie et un vieux mâle. A un moment donné, le mâle s'était dérobé. Remontant vers le Sud, il avait traversé la tranchée à vingt-cinq pas du jeune capitaine, et descendu à petits pas jusqu'au fond du ravin, où il se tenait coi dans un inextricable fouillis de ronces. d'épines et de hautes herbes. Le bouillant chasseur ayant fait, à la suite, quelques pas sous le grand bois, avait tiré sur la bête, à douze ou quinze pas. Mais, au moment où il relevait son fusil, il avait glissé du pied gauche sur une touffe d'herbe, — le terrain ayant été rendu glissant par la fine pluie de la nuit — était tombé la tête en avant, le pied droit pris dans une souche fourchue, à fleur de terre. Les efforts qu'il fit pour se dégager le pied lui occasionnèrent une foulure. Ce ne fut qu'à l'arrivée du jeune Aubry, et grâce à son aide, qu'il put se remettre debout. Pendant que le capitaine était par terre, il voyait le sanglier s'avancer lentement vers lui, une patte brisée par le coup de feu qui venait d'être tiré. La situation du chasseur était donc très critique ; il était temps que quelqu'un vînt à son aide. L'animal, rendu furieux par une première blessure, lui aurait certainement fait un mauvais parti sans le sang-froid et l'audace d'Anthoine.

6

A la Pierre-Levée, le médecin (1) renouvela les compresses d'eau fraîche, seul remède qu'il eut à sa disposition, et affirma qu'il n'y avait rien de grave, qu'il ne s'agissait que d'une simple foulure. Mais il conseilla de faire venir un carrosse ou, à défaut, une voiture de paysan.

Anthoine Aubry retourna donc au village et revint, un peu plus d'une heure après, avec un serviteur de messire de Baudouin amenant le carrosse de Madame Henriette. On installa le capitaine dans le véhicule ; puis il fut ramené, au pas des chevaux, par *Touche-Bœuf*, jusqu'au château de Sornéville. Le chevalier de Baudouin et le comte de Chabo l'accompagnèrent. Ce dernier ne prit congé de ses amis que le lendemain. Cinq ou six jours de repos suffirent, d'ailleurs, à M. de Bréhant pour se remettre.

L'accident survenu n'ayant aucun caractère alarmant, la chasse fut continuée jusqu'au coucher du soleil. Le sanglier mis à mort par Anthoine fut traîné jusqu'à la grande tranchée et hissé sur le *Boudin*, où se trouvaient déjà les autres pièces du gibier abattu dans la journée.

Le soir, au château de Lunéville, il ne fut question que de l'aventure dont le capitaine de Bréhant avait failli être victime, et du dévouement intrépide du paysan, que le roi Stanislas avait daigné féliciter à la Pierre-Levée.

Avant de retourner à Lunéville pour reprendre son service à la Cour, le comte de Bréhant voulut revoir le jeune garde-chasse, qui lui fut présenté.

_____

(1) Le docteur JEANROY, qu'affectionnait Stanislas, et que les paysans désignaient par : « Celui qui fume souvent sa pipe avec le roy ! » C'était quelquefois aussi le docteur Jean GARNIER, créé gentilhomme par lettres de Charles de Lorraine, du 21 mai 1641, données en faveur de son aïeul, médecin renommé. Le docteur Jean Garnier compte, à Nancy, quelques membres de sa famille encore existants.

— « Tu es brave, mon garçon, dit le gentilhomme à
« Anthoine. Grâce à ton sang-froid et à ton courage,
« j'ai pu échapper à un grand danger. Je saurai me sou-
« venir du service que tu m'as rendu. Viens me voir à
« Lunéville, d'aujourd'hui en huit. Je désire te présen-
« ter à ma mère. En attendant, accepte ceci, comne
« premier témoignagé de ma gratitude ».

Et il lui tendit une bourse gonflée de louis d'or.

Mais le jeune Aubry, malgré ses vingt ans, son inex-
périence de la vie et des délicatesses de la haute
société, fit un pas en arrière, releva la tête et, d'un
geste plein de noblesse, repoussant l'or du comte :

— « Messire, dit-il, la seule récompense du chrétien,
« ici-bas, est la satisfaction du devoir accompli. »

— « Soit ; je n'insiste pas. Tu me parais aussi fier et
« aussi désintéressé qu'intrépide. J'aime ces francs
« caractères. N'oublie pas que je désire te recevoir dans
« huit jours. Me le promets-tu ? »

— « J'irai, messire, si mon bon maître veut bien me
le permettre ».

Le chevalier, présent à cette entrevue, fit de la tête un
signe d'acquiescement. Anthoine se retira.

Le lendemain, le jeune garde-chasse reprit ses tour-
nées habituelles et ne tira pas la moindre vanité des
éloges qui lui avaient été adressés. Il avait montré que
la noblesse des sentiments n'est pas étrangère aux
enfants du peuple.

XIII

Voyage à Lunéville.

E soir même du jour où le jeune comte
avait quitté ses hôtes de Sornéville, Anthoine vint passer une heure avec ses
parents, comme il avait l'habitude de le
faire, quand les exigences de son service
ne l'en empêchaient point.

Son père avait perdu beaucoup de son activité depuis qu'il avait abandonné ses fonctions
de garde. Il vieillissait plus vite que ne le comportait
son âge.

Anthoine avait une très vive affection pour ses frères,
et en particulier pour le plus jeune, Jean-Joseph. Les
trois fils Aubry n'étaient complètement heureux que
lorsqu'il leur était possible de passer, sous les yeux de
leurs parents, quelques heures ensemble. L'amour fra-
ternel et l'amour filial dominaient en eux toutes les
autres affections.

Le cadet raconta ce soir, en famille, ce qui s'était passé,
dans la journée, entre lui et le capitaine de dragons. Il
était fier des paroles qu'avait daigné lui adresser, le jour
de l'accident, le roi Stanislas. Mais aussitôt qu'il eut fait
connaître son refus au sujet de la bourse qui venait de
lui être offerte par le comte, la Queurine lui fit d'amers
reproches.

— « Nous serions riches pour le reste de nos jours,
dit-elle ! »

— « Femme, répondit Jacques Aubry, le devoir et le
« dévouement ne se payent point, surtout avec de l'or.
« Nous sommes maintenant à l'aise et n'avons point
« l'habitude de dépenser mal à propos. Quelques louis
« de plus n'ajouteraient rien à notre tranquillité, au
« contraire. Mais fussions-nous encore plus pauvres
« qu'autrefois, il faudrait néanmoins refuser le payement
« d'un service. Mieux vaut être dans la paix de l'âme
« et goûter le bonheur que procure le dévouement à
« autrui, que d'être exposé à l'envie des gens qui man-
« quent du nécessaire. On ne vend pas ses services. Tu
« as bien fait, Anthoine ; tu as agi en honnête homme.
« Je suis content de toi. »

La Queurine baissa la tête et ne dit plus mot.

Huit jours après, Anthoine, et Jean-Joseph, qui avait
exprimé à son frère le désir de l'accompagner, se mirent,
de bon matin, en route pour Lunéville. Ils allaient à
pied, comme bien on pense. La distance de Sornéville
à Lunéville étant de quatre lieues et demie de poste, ils
espéraient arriver en ville sur les neuf heures. Et en
quittant Lunéville vers quatre heures après midi, ils
pouvaient être de retour au village à huit heures, au
plus tard.

L'aîné des deux frères portait son costume de garde ;
veste demi-longue en gros drap vert foncé, serrée à la
taille par une ceinture de cuir ; coiffure en cuir épais
et bouilli, ayant forme de casquette, avec couvre-nuque ;
grandes guêtres également en cuir. Ses longs cheveux
noirs, bouclés naturellement, lui tombaient sur les
épaules. A la main, il avait un lourd bâton d'épine, aux
nœuds saillants, arme redoutable entre ses mains.

Son frère, âgé de 17 ans, paraissait presque aussi
vigoureux que lui. Il était vêtu comme l'étaient d'ordinaire les laboureurs aux jours de dimanches et de fêtes,
avec un joli tricorne qu'il portait crânement. Tous deux
étaient de solides gars, ayant bonne mine, de taille

élancée, endurcis à la fatigue, aux jarrets d'acier. La
longue course qu'ils entreprenaient, — neuf lieues et
plus, aller et retour, dans des chemins pierreux et mal
entretenus — était loin de les effrayer. Ils traversèrent,
de leur pas allongé, Hoéville, Serres, Einville dont ils
longèrent le parc ducal, appelé le *Jard*, et du haut de la
seconde côte de la *Rochelle*, aperçurent Lunéville, avec
son magnifique château et les tours jumelles de la nouvelle église St-Jacques. Ils s'arrêtèrent un instant pour
contempler le panorama qui se déroulait devant eux,
depuis les hauteurs de Vitrimont, au couchant, jusqu'aux limites de l'horizon, dans la vallée de la Ve-
zouze, au levant.

Une demi-heure après, ils entraient dans la cité par
le faubourg d'Einville, traversaient deux ponts, passaient devant des casernes, puis devant le château, bâti
récemment par Léopold et résidence actuelle de Stanislas, duc viager de Lorraine et de Bar.

Nos jeunes paysans ne cessaient d'admirer tout ce
qu'ils voyaient. C'était la première fois qu'ils péné-
traient dans une ville aussi peuplée.

Anthoine se renseigna sur la demeure du comte de
Bréhant. Après bien des avis contradictoires, ils trouvèrent l'hôtel qu'il habitait, rue des Capucins. Ils heur-
tèrent à la porte extérieure, que leur ouvrit un domestique en livrée, et entrèrent. Il n'y avait, dans cette
maison, rien qui dût les étonner; car ils allaient souvent au château de Sornéville, où se retrouvaient toutes
les habitudes de luxe auxquelles se livrait la noblesse
de cette époque.

Les deux frères attendirent quelques instants dans
une antichambre, puis furent introduits près du jeune
comte, qui reconnut Anthoine sur-le-champ et lui
demanda le nom du jeune garçon qui l'accompagnait.

— C'est mon frère, messire. Comme il n'a jamais vu
la ville, pas plus que moi, d'ailleurs, il a désiré faire le
voyage avec moi. Nous nous aimons beaucoup et nous
séparons le moins possible. D'autre part, il n'a pas voulu

me laisser faire seul un trajet qu'il croyait long et difficile, et qui n'est, en réalité, qu'une promenade pour
nous.

— Sois le bien-venu, mon jeune ami. Si tu as l'énergie de ton frère, tu peux être asssuré de faire ton chemin
dans la vie.

Puis le capitaine, qui était célibataire, les introduisit
dans un salon richement meublé, où la comtesse douai-
rière de Bréhant-Bihy les attendait et où elle leur fit le
plus cordial accueil.

Madame la comtesse était veuve. Aussitôt que son
fils unique eut été pourvu d'une compagnie et nommé
chambellan du roi, elle n'avait pas voulu laisser seul,
au milieu des séductions de la cour, un jeune héritier
sans expérience de la vie. Elle avait donc quitté son
vieux manoir de Bretagne pour diriger la maison du
capitaine. Elle n'avait guère que quarante-cinq ans,
était belle encore et d'allure imposante.

Devant cette grande dame, nos deux paysans perdirent
leur assurance habituelle, se tinrent à deux pas de la
porte et se courbèrent profondément pour la saluer. Ils
n'osaient faire un pas de plus. Mais la comtesse, toujours affable et gracieuse, vint au-devant d'eux, les prit
par la main et les amena au milieu du salon, suivis du
comte, qui s'empressa de faire connaître à sa mère quel
était le compagnon d'Anthoine.

Elle adressa la parole à ce dernier.

— Eh! bien, jeune homme, dit-elle, il semble que
vous avez peur en ce moment ? Cependant, d'après ce
que j'ai appris, vous aviez plus de sang-froid, il y a huit
jours, dans la forêt. Vous avez accompli ce jour-là un
acte de courage que vous envient tous les gens de cœur.
Pour ma part, je suis heureuse de pouvoir vous remercier de votre dévouement, et de vous féliciter de votre
intrépide intervention. Nous voudrions, M. le comte et
moi, vous être utiles. Que pouvons-nous faire pour
vous ? Parlez sans crainte : vous êtes ici chez des
obligés.

Anthoine releva la tête. Des paroles si cordiales, sorties de la bouche d'une belle et noble dame, lui donnaient un petit grain de fierté. Mais il se calma aussitôt.

— Madame, je n'ai point d'autre ambition que celle de rester garde-chasse au service de messire de Baudouin de Sornéville. Pour suivre mes goûts, j'aurais aimé m'enrôler comme soldat, avec l'espoir de porter un jour la hallebarde ; mais je veux obéir à mon devoir, non à mes préférences. Nous sommes de pauvres gens, habitués au travail, contents de notre modeste situation, vivant en paix sous l'autorité de notre bon et généreux seigneur. Que pouvons-nous espérer de plus ? D'ailleurs, ce que j'ai fait n'était que l'accomplissement bien strict de mon devoir. Tout homme de cœur aurait agi de même. Nous vous remercions bien respectueusement, Madame la Comtesse, de la sollicitude que vous voulez bien nous témoigner et de l'honneur que vous nous faites en recevant si affablement de jeunes paysans comme nous.

— Je n'insiste pas en ce moment, mes braves enfants, et vous rends votre liberté pour quelques heures. Allez voir la ville, et revenez à midi précis, pour le dîner.

A cette époque, on déjeûnait le matin, on dînait à midi, on soupait le soir. L'habitude du grand monde, particulièrement du monde qui s'amuse, n'était point encore prise de faire du jour la nuit, et de se lever à midi, pour déjeûner. On n'appelait pas encore *matinées* les spectacles qui se donnent dans l'après-midi.

En sortant de l'hôtel, les deux frères se rendirent d'abord à l'église St-Jacques, dont ils avaient admiré les deux tours du haut de la colline. Ils trouvèrent merveilleuses, les comparant à celles de leur pauvre église de Sornéville, l'architecture et la décoration intérieures. Ils s'agenouillèrent et prièrent avec ferveur.

Ils allèrent ensuite visiter le château, palais grandiose et vraiment royal, qui les étonna par ses vastes proportions, son architecture, son ensemble incomparable. Ils

se promenèrent dans le parc qui s'étend à la suite des
pavillons principaux, et qu'on appelle : *les Bosquets*.
Ils se réjouirent à la vue des moulins et autres constructions élevés en contre-bas des *Bosquets*, et que l'eau
d'un canal spécial faisait mouvoir, pour l'amusement
des habitants de la ville et des troupes de la garnison.
La pensée des jeunes gars se reporta aussitôt sur le bon
duc Léopold, qui avait fait édifier toutes ces choses
merveilleuses, et dont leur père leur avait tant parlé
dans leur enfance. Ils remerciaient Dieu d'avoir donné
à la Lorraine un souverain aussi sage, aussi populaire,
anssi dévoué à l'amélioration du sort de ses sujets que
l'avait été Léopold.

Ils parcoururent les principales rues de la ville. Ce
qui les intéressa par-dessus tout, lorsqu'ils suivaient le
dédale des ruelles du quartier du *Puits-Content*, fut le
coquet uniforme des *Gardes Lorraines*, régiment alors
en garnison à Lunéville. Ils admiraient aussi les bril-
lants équipages de la cour. Anthoine aimait voir l'allure
dégagée des soldats. La tenue des *Gardes Lorraines* ne
pouvait, en effet, que plaire à des paysans qui n'avaient
jamais vu que le sombre et très simple vêtement des
habitants de leur village.

Voici quel était l'uniforme des *Gardes Lorraines*, en
1752 :

Habit, collet et parements bleus, avec agréments
blancs sur l'habit ; — doublure, veste et culotte blanches ; — boutons blancs ; — pattes ordinaires garnies
de trois boutons, et autant sur les manches ; — chapeau
bordé d'argent, forme dite : en lampion.

Le drapeau était blanc, avec croix blanches.

Le prince de Beauvau, maréchal de camp, était alors
colonel-lieutenant de ce régiment.

A midi précis, nos deux promeneurs se retrouvèrent
à l'hôtel de Bréhant. On les fit entrer dans la salle à
manger, où Anthoine fut aussi heureux que surpris de
rencontrer le Grand-Louvetier, comte de Chabo, qu'il

avait plusieurs fois accompagné dans les battues faites aux bois de Faux, et qui désirait revoir le jeune garde-chasse.

La table n'était occupée que par cinq personnes : la belle comtesse de Bréhant, son fils, le comte de Chabo, les fils Aubry, qui se trouvaient assez mal à l'aise, n'ayant été jamais admis en si noble compagnie.

Un dîner succulent fut servi, pendant lequel les deux villageois furent longuement questionnés. Jean-Joseph, d'une nature timide, osait à peine parler. Anthoine avait plus d'assurance, parce qu'il avait beaucoup de sang-froid, et il répondit simplement, mais avec la plus entière franchise, aux questions qui lui avaient été adressées. Il fit connaître la situation de sa famille, le désir qui s'était emparé de lui, ce jour-là même, d'être soldat, et celui de son frère, de devenir *régent d'école*. Mais il eut soin de déclarer qu'aucun d'eux ne pouvait prendre un parti avant que leurs parents fussent à même de se passer de leur aide. Il dit que le père Aubry avait cessé, l'année précédente, de garder les forêts communules, à cause de son grand âge, — il avait 71 ans — et que, par suite de ce repos forcé, les ressources du ménage avaient diminué. Pour prendre, relativement à leur carrière, une décision définitive, il fallait donc attendre à plus tard, et continuer à se dévouer pour les vieux parents. Il est vrai que le désir d'Anthoine, d'entrer dans un régiment, était devenu très vif depuis qu'il avait été séduit par l'élégant uniforme des *Gardes Lorraines*.

Le repas terminé, et avant que les jeunes Aubry prissent congé, le capitaine dit au garde-chasse :

— Mon ami, j'ai contracté envers toi une dette qui ne peut se payer que par la reconnaissance et l'estime dont je tiens à te renouveler le témoignage aujourd'hui. Ces sentiments, j'espère les conserver toujours. Si tu veux être soldat, nous serons heureux, M. le comte de Chabo et moi, de te faciliter un enrôlement dans nos vaillantes troupes, et de te venir en aide, autant que nous le pour-

rons, pour que tu puisses suivre honorablement la
carrière des armes.

Tu as refusé, pour toi-même, une première récompense que je t'avais offerte. Je ne connaissais pas alors
l'élévation de tes sentiments. J'honore la noblesse de
ton caractère et ton désintéressement. Mais puisque ton
digne père, en raison de son âge, n'a pu continuer son
emploi, accepte pour lui — qui a droit d'être fier d'un
fils que nous voulons compter parmi nos amis — ce
que ma fortune me permet de faire pour lui assurer une
tranquille vieillesse. Ceci est donc pour ton brave
homme de père.

Et il remit à Anthoine le titre d'une pension viagère
de *cent écus*, payable sur ses revenus particuliers. Cette
pension était reversible sur la veuve, si le père Aubry
venait à quitter ce monde avant sa femme ; ce qui, vu
la différence d'âge, était dans les prévisions humaines.

Par affection pour ses parents, Anthoine dut céder
aux instances du capitaine et de sa mère, auxquelles se
joignirent celle du Grand-Louvetier. Il accepta donc et
témoigna sa vive gratitude. Mais, en même temps, il
demeurait confus que le devoir si simple qu'il avait
accompli fût l'objet d'une récompense.

— Jeunes gens, ajouta la comtesse, continuez à être
bons, dévoués et braves. Nous ne vous oublierons pas,
et la Providence vous soutiendra dans les épreuves de
la vie. Venez nous voir quand vous serez dans l'em-
barras.

Elle leur serra les mains bien affectueusement ; son
fils et le comte de Chabo en firent autant.

Et les deux jeunes Aubry reprirent le chemin de Sornéville, où ils arrivèrent un peu après la tombée de la
nuit.

Avant de rentrer au château, Anthoine s'empressa
d'aller, avec son frère, rendre compte au père et à la
mère Aubry, de la belle et cordiale réception qui leur
avait été faite à Lunéville. Ils remirent aux vieillards le

titre de pension qui leur avait été donné pour soulager les dernières années de leurs parents.

Jacques et sa pauvre femme ne pouvaient croire à tant de générosité. Leurs vieux jours pouvaient donc s'écouler dans la paix, sans souci du lendemain.

— Les pauvres en profiteront, dit simplement le père Aubry.

XIV

Deuil. — Choix d'une carrière.

UAND la mauvaise saison fut revenue, le père Aubry perdit rapidement les forces qui lui restaient. Les rhumatismes contractés par les jours humides, dans les champs, à la garde de son troupeau, ou dans les forêts, en surveillant les maraudeurs, avaient ruiné son vigoureux tempérament. Le 15 décembre 1752, il rendit son âme à Dieu, après avoir béni ses enfants, et dit *au revoir* à sa chère Queurine. Il avait lui-même demandé les derniers sacrements, et les avait reçus avec la plus grande confiance en la miséricorde divine.

Tous ses concitoyens suivirent le convoi funèbre et l'accompagnèrent jusqu'au champ du repos.

La mère Aubry fut dans la désolation. Ses fils lui prodiguèrent tous les témoignages que pouvait leur inspirer l'amour filial. Mais elle fut obsédée de cette pensée : que faire maintenant pour l'avenir de ses garçons ? Si Jacques avait encore été là, lui qui était toujours de si bon conseil ! Elle se croyait bien seule, hélas ! et d'autant plus perplexe pour la ligne de conduite à suivre, que le moment était venu d'établir ses enfants.

La rente que messire de Bréhant s'était engagé à lui servir, jointe aux petites ressources que l'économie des époux Aubry avait amassées sou à sou, suffirait amplement à ses besoins. Donc, à part son chagrin, une seule chose lui donnait du souci : le choix d'une carrière pour chacun de ses plus jeunes fils. L'aîné, Joseph, ne lui causait aucune inquiétude, il était sur le point de se marier, et de prendre une ferme à bail, ce qu'il fit peu après. Mais elle ignorait que le choix fût déjà fait par les deux autres.

Un mois après la mort de son digne époux, elle se rendit au presbytère, voulant consulter le père François. Le brave curé lui promit ses bons offices et lui proposa d'aller chez elle, le dimanche suivant, après vêpres. Il lui recommanda d'engager ses fils à assister à l'entrevue.

Devant le curé, les déclarations furent nettes et précises. Anthoine annonça, toutefois avec beaucoup de ménagement, que son plus grand désir était de se faire soldat ; qu'il en avait parlé aux comtes de Bréhant et de Chabo, qui l'approuvaient et lui avaient promis leur appui.

Jean-Joseph ne fut pas moins catégorique en affirmant que ses goûts le portaient à élever et à instruire les enfants, et qu'il désirait suivre, au plus tôt, les leçons de maître Thomas pour devenir *régent d'école*.

Lorsqu'elle entendit la déclaration d'Anthoine, la Queurine fit un geste de douloureux étonnement. Son cadet ne lui avait jamais occasionné le moindre mécontentement, le plus léger déplaisir. Et voilà qu'il voulait s'éloigner d'elle pour suivre les hasards et les dangers d'une guerre qui pouvait survenir bientôt, et que l'on redoutait déjà. Les larmes lui vinrent aux yeux ; son cœur se serra.

— Pourquoi veux-tu nous quitter ? dit-elle. N'es-tu pas satisfait de la position que t'a faite messire de Baudouin ? S'il survenait une guerre, je ne te verrais peut-êrre plus. Je serais dans des transes continuelles, craignant sans cesse d'être condamnée à porter ton deuil, comme je porte déjà celui de mon pauvre Jacques. Renonce à cette idée, Anthoine ; reste garde-chasse, afin que nous puissions, comme à présent, te voir tous les jours.

J'approuve la vocation de Jean-Joseph. Puisque tu l'aimes beaucoup, ne t'éloigne donc pas de lui, ni de ta pauvre vieille mère. Nous pouvons vivre ici tranquilles.

— Je regrette, ma bonne mère, de vous causer du chagrin. Mais j'ai des protecteurs puissants, qui ont promis de me faire avancer dans la carrière des armes. Vous les connaissez. Je m'engagerai dans les *Gardes Lorraines,* qui sont présentement en garnison à Lunéville — peut-être pour longtemps — car il n'y a point de bruit de guerre immédiate ; et, s'il y a une guerre, je veux faire mon devoir de patriote, comme un Lorrain sait le faire. Je pourrai venir, de temps en temps, à Sornéville. Je tiens à profiter de l'excellente occasion qui se présente pour faire mon chemin au régiment.

Après mûre réflexion, le révérend père dit à la veuve Aubry :

— Anthoine a peut-être raison. Puisqu'il a des protecteurs haut placés, laissez-le suivre sa voie. J'ai le pressentiment que nous aurons tous à nous en applaudir. Faites violence à votre tendresse maternelle, et ne pensez qu'à l'avenir de vos fils. Je suis d'avis qu'ils peuvent obéir à leurs inspirations, parce qu'ils sont d'excellents chrétiens. Ils sont, dès maintenant, l'objet de la bienveillance d'amis dévoués. Tout fait prévoir qu'ils sauront accomplir toujours dignement leur devoir.

C'est encore un beau lot que vous fait, ici-bas, la Providence, puisque vous donnez à la société : un *laboureur*, un *soldat* et un *maître d'école*, c'est-à-dire que vous fournissez un élément à chacun des trois plus grands rôles qui puissent être remplis dans notre pays.

Tout en soupirant, la Queurine accepta le choix de la carrière à laquelle se destinait chacun de ses fils. Il fut même convenu, séance tenante, qu'après les fêtes de Pâques, Anthoine se rendrait à Lunéville pour s'enrôler aux *Gardes Lorraines*, et que Jean-Joseph solliciterait, de maître Thomas, la faveur de l'aider à se préparer aux fonctions de *régent*.

Le révérend père s'engagea même à prendre, une heure par jour, les deux jeunes gens pour leur donner quelques notions sur la manière de rédiger une lettre, un mémoire, un rapport — ces notions devant leur être, plus tard, d'une incontestable utilité. Comme on était au 15 janvier, Anthoine pouvait encore profiter de ces leçons pendant trois mois.

Les choses se passèrent comme il avait été convenu. Le jour même de l'entretien que nous venons de rapporter, Jean-Joseph et sa mère se présentèrent chez maître Thomas, qui, enchanté de la résolution prise par son ancien élève, se mit à sa disposition.

A partir du lendemain, 16 janvier, le plus jeune des Aubry fréquenta l'école assidûment, travaillant avec l'énergie dont il était doué, à perfectionner le peu d'instruction qu'il possédait.

A sa première entrée en classe, les bambins furent étonnés d'avoir pour condisciple ce grand et fort garçon, qui paraissait être déjà un homme. Mais ils n'osèrent s'en moquer et réprimèrent vite leurs sourires railleurs. Ils craignaient surtout la férule de maître Thomas, qui, à de certains moments n'était pas tendre.

Les deux frères firent de rapides progrès en ce que leur enseignait le curé, et furent bientôt à même de rédiger convenablement des lettres aux parents et aux amis, des lettres d'affaires, des narrations et de simples descriptions.

Tout alla donc pour le mieux jusqu'au jour où Anthoine devait quitter sa mère et ses frères pour se rendre à Lunéville.

Messire de Baudouin, qu'il avait instruit de la décision prise en famille, regretta fort le départ d'un bon serviteur, mais n'y fit aucune opposition.

❦❦❦❦❦❦❦❦❦❦

XV

Anthoine est soldat

Anthoine partit de Sornéville dans les premiers jours d'avril 1753 — le mardi après Pâques.

Lorsqu'il était allé faire ses adieux au chevalier, son maître, il en avait reçu une gratification de dix écus qu'il serra dans son gousset. C'était le seul argent qu'il possédât, ayant l'habitude de donner régulièrement ses gages à ses vieux parents, le jour même où il les touchait.

Il embrassa sa mère et ses frères, remercia le vénérable prêtre qui lui était très dévoué, et se mit gaîment en route. Ses frères l'accompagnèrent jusqu'au delà de Hoéville et lui promirent d'aller, de temps à autre, le dimanche, le voir à Lunéville.

En arrivant au terme de son voyage, il se présenta d'abord à l'hôtel de Bréhant et fut heureux de trouver le capitaine chez lui. On l'y reçut cordialement. Il présenta ses humbles hommages à la comtesse. Le jeune chambellan l'introduisit chez le commandant Le Groing, chef du premier bataillon, auquel il le recommanda très chaudement. Ce jour-là même, toutes les formalités relatives à son incorporation furent remplies, son engagement arrêté et signé. Il reçut les 10 écus réglemen-

taires accordés aux recrues, fut envoyé à la caserne et confié à l'un des deux sergents de la compagnie où il entrait.

Trois jours après, il endossait le coquet uniforme des *Gardes Lorraines* et commençait les exercices militaires dans la cour du château, où logeaient les deux bataillons du régiment.

Les *Gardes Lorraines*, autrefois dénommées *Régiment de Perche*, étaient venues, le 8 janvier 1749, reprendre leur service auprès du roi Stanislas. Ils tenaient donc garnison à Lunéville depuis quatre ans, et ne devaient quitter cette résidence que le 4 mars 1757, pour se rendre à l'armée du Bas-Rhin, et prendre part à la guerre de *Sept ans*.

A cette époque, l'infanterie française portait les cheveux à volonté, mais le plus souvent longs, en *ailes de pigeon* — ce qui était d'ordonnance aux *Gardes Lorraines* — ou avec une queue qui retombait sur le dos. Le menton était rasé.

Pour arme, on avait le fusil à pierre, ou la pique.

L'officier portait le même uniforme que le soldat, mais d'un drap plus fin, d'une coupe plus soignée.

L'exercice à la *prussienne* avait été introduit dans nos régiments par une ordonnance royale, sur la proposition du comte d'Argenson, en 1753, année même où Anthoine entrait au service.

Aussitôt en possession de l'uniforme, il fallait passer trois heures par jour à ces nouveaux exercices, qui plaisaient beaucoup à notre jeune paysan, plus que le service de propreté à la chambrée.

Pour Anthoine, qui avait vécu, avec ses parents, dans la plus grande sobriété, la nourriture de l'ordinaire était plus que suffisante. Mais, ce qui lui répugnait, c'est que, jeté au milieu de camarades racolés, pour la plupart, par des sergents sans scrupules, il n'en trouvait pas un seul ayant reçu de solides principes d'éducation. Il n'entendait, autour de lui, que des propos grossiers. Plus que jamais, il sentit la nécessité de ne prendre pour règle de conduite, que les enseignements de l'Evangile et les inspirations de sa conscience.

Il passait des nuits affreuses avec ses deux camarades de lit ; car alors les soldats n'avaient qu'un mauvais grabat pour *trois*. Cette promiscuité nocturne entre jeunes gens, dont presque tous avaient oublié, depuis longtemps, les doctrines et les pratiques religieuses, était un de ses plus grands ennuis. Il ne se plaignait pas, cependant ; il attendait, avec patience, le jour où le moindre grade viendrait le tirer de ce milieu, de cette infériorité dont il sentait le poids, et qui était sans cesse rappelée aux simples soldats par une discipline capricieuse, parfois excessive, sans équité, rebutante à certains moments.

Au bout d'un mois, ses chefs avaient remarqué sa conduite exemplaire, sa soumission, l'instruction qui l'élevait bien au-dessus de ses camarades. Anthoine se recommandait par lui-même. On lui avait fait espérer qu'il passerait, sous peu, *anspessade*, ou *aide-caporal*. En effet, après trois mois de service, il fut promu à ce premier grade.

L'*anspessade* portait la demi-pique, tandis que le caporal portait la pique, et le sergent, la hallebarde.

Ces modestes gradés recevaient une haute paye. Chaque soldat ou tambour touchait, par jour, 5 sols 6 deniers, et l'*anspessade* un sol de plus. Le caporal touchait un sol de plus que l'aide-caporal. Le sergent touchait le double de l'anspessade, soit 11 sols.

Pendant les marches, on donnait un sol d'augmentation par jour aux sergents ; 6 deniers à chacun des caporaux ou anspessades. C'était pour l'entretien du linge et des chaussures.

Puisque nous parlons de la paye, voici, d'après l'ordonnance royale du 17 décembre 1738, ce que touchaient les officiers :

Le major avait 5 livres par jour ;

Un capitaine, 3 livres 6 sols ;

Un lieutenant, 22 sols 10 deniers ;

Un sous-lieutenant, une livre ;

Un enseigne, 17 sols 6 deniers ;

Pour la nourriture, la ration d'un fantassin était composée de 24 onces de pain cuit et rassis, entre bis et blanc ; d'une pinte de vin, mesure de Paris, et du crû du lieu, — ou d'un pot (deux pintes) de cidre ou de bière ; — d'une livre de viande de bœuf, de veau ou de mouton, au choix de l'étapier ; voilà pour les troupes en marche.

En garnison, les quantités étaient un peu moindres :

Le capitaine avait droit à 6 rations de vivres, 4 de fourrages ;

Le lieutenant, à 4 de vivres et 2 de fourrages ;

Le sous-lieutenant et l'enseigne, à 3 de vivres et 2 de fourrages ;

Le sergent, à deux rations de vivres ;

Les caporaux, anspessades, tambours et soldats, à une ration de vivres.

L'ordonnance du 1er décembre 1738, dont nous venons de donner un extrait, fut modifiée pour l'entrée en campagne de la guerre de *Sept ans*, par une autre ordonnance du 25 avril 1757. Les modifications avaient peu d'importance.

En qualité d'anspessade, Anthoine dut enseigner l'exercice des armes aux nouvelles recrues. En l'absence

de ses chefs immédiats, il était chargé de poser les fac-
tionnaires, et trouvait un véritable soulagement à être
dispensé des factions.

XVI

Jean-Joseph se prépare aux fonctions de régent.

L'ECOLE étant fermée à partir de Pâques jusqu'à la Toussaint, Jean-Joseph travailla aux champs et aux vignes avec sa mère. Mais il consacra régulièrement la première heure de la journée à ses études, — consultant maître Thomas et le père François tous les dimanches, sur les difficultés qu'il avait rencontrées dans la semaine, et qu'il n'avait pu surmonter.

Son frère Anthoine avait laissé les meilleurs souvenirs au château. Madame et messire de Baudouin y faisaient appeler Jean-Joseph assez fréquemment, le chargeant de certaines missions délicates, pour lesquelles il fallait un homme de confiance, et intelligent. Il en fut ainsi pendant tout le temps de ses études.

Lorsque les froids d'automne se firent sentir, que les champs furent dépouillés de leurs récoltes, les arbres de leurs fruits ; lorsque les laboureurs eurent jeté en terre les semences de blé, de seigle et d'orge qui devaient germer avant l'hiver ; que les hirondelles eurent pris leur envolée vers des climats plus chauds et fait place à des nuées de corbeaux dont on entendait le cri rauque et lugubre ; lorsque les forêts eurent perdu leur verte

parure et que les gelées blanches couvrirent les pâtu-
rages, Jean-Joseph retourna à l'école qui s'était rouverte
le 3 novembre, lendemain de la fête des Trépassés.

Dès sept heures du matin, fillettes et garçonnets
arrivaient par groupes. Ces derniers portaient au côté,
au moyen d'une ficelle placée en sautoir, la boîte traditionnelle d'écolier, ou le carton formé de deux feuilles
cousues sur trois côtés et renfermant livres, papiers
crayons de plomb, plumes d'oie et encrier. Les fillettes
remplaçaient le carton par un joli petit panier qu'elles
portaient au bras.

Les livres de ces écoliers et écolières n'étaient pas
nombreux. Les plus *savants* n'en portaient que *trois* :
bible, ornée de gravures, qui se transmettait dans
chaque famille, de génération en génération ; — un
catéchisme du diocèse de Toul ; — un *psautier* pour la
lecture du latin. On joignait à ces trois volumes quelques
vieux *contrats*, écrits sur parchemin, pour la lecture
manuscrite.

Il n'y avait point de grammaire. A quoi bon ? puisque
maître Thomas n'avait ni le temps, ni les moyens
d'enseigner l'orthographe. Les plus petits élèves avaient
l'A-B-C, dont la première lettre était précédée d'une
grosse croix. On disait : *lire sa croizette.*

Le papier dont on se servait alors était gris, épais et
rude. Les plumes d'oie devaient être taillées au moins
deux fois la semaine, entre la classe du matin et celle
du soir. On se fournissait d'encre près des colporteurs,
— presque tous savoyards, — qui traversaient les
villages portant au dos avec bretelles, un petit baril
muni d'un robinet. Lorsque le baril était à moitié vide,
les colporteurs avaient soin de le remplir à une fontaine
champêtre. On peut juger de ce que devenait le liquide
noirâtre qu'ils vendaient aux écoliers et qui, primitive-
ment, avait été obtenu par la macération des baies du
troène. Heureux encore quand les ménagères, par mesure
d'économie, n'en augmentaient pas la dose par le même
procédé.

Et cependant, ces pauvres ambulants gagnaient à peine assez pour manger un peu de pain. Ils couchaient gratis dans une grange, en été, — dans une étable, en hiver. Il se trouvait toujours, dans chaque paroisse, quelque laboureur compâtissant qui leur donnait un gîte pour la nuit.

Fort de taille, carré d'épaules, Jean-Joseph Aubry, — ou Jeanjean, comme on l'appelait familièrement, — dominait tous les jeunes gens de son âge par l'énergie du caractère. Il était serviable envers tous ; mais si quelqu'un s'avisait de le contredire ou de lui tenir tête, il s'emportait facilement. Ses colères étaient quelquefois terribles et faisaient trembler ses adversaires. Mais ces moments d'oubli étaient rares. Ils inquiétaient cependant maître Thomas.

L'école comptait quelques fils de laboureurs presque aussi âgés que Jean-Joseph ; ils le respectaient néanmoins, autant pour la complaisance que pour la supériorité physique et intellectuelle.

Les jeunes garçons étaient coiffés, en semaine, d'un bonnet de coton à mèche, rayé de bleu et de blanc. Les filles portaient la *cornette* d'indienne, piquée, et bordée de velours noir. Elles se pavanaient dans une belle jupe rayée jaune et bleu, et avaient une pointe de cou en perse légère, sur laquelle tombait le chignon ou *boudin*. Tous les enfants étaient chaussés de sabots en bois blanc, brunis au four, ornés d'une bride en cuir et d'une *pelisse* en peau de mouton.

La classe durait, le matin, jusqu'à onze heures ; le soir, d'une heure à cinq heures.

Maître Thomas avait l'habitude de donner congé le jeudi, après-midi seulement. Ce jour-là, si le temps le permettait, le digne magister se rendait, aussitôt la classe finie, à l'invitation d'un confrère voisin, chez lequel il arrivait vers midi. On mangeait une grillade de porc frais, on buvait quelques pintes du vin du crû, puis on faisait une partie de *quarante*, jeu de cartes

qui ne se joue qu'en Lorraine, et qu'on appelle, par
dérision, le *piquet de Laxou*.

Le brave homme rentrait chez lui le soir, vers sept
ou huit heures, content de s'être égayé très honnêtement, et de s'être reposé des fatigues de l'enseignement.

Quand il ne s'absentait pas, il rendait, chez lui, les
amabilités qu'il avait reçues, et offrait à déjeûner à des
amis du village, et surtout à des collègues. Parmi ces
derniers, celui qu'il fréquentait le plus et dont le caractère lui plaisait davantage, était le compère Stofflet,
maître d'école à Serres, à une lieue et demie de Sornéville. Maître Stofflet avait eu un fils en 1752, — Nicolas, — qui devint célèbre plus tard, comme chef des
royalistes de l'Anjou. Thomas avait pris part au ban-
quet offert par son compère, à l'occasion du baptême
de ce futur général vendéen.

Nicolas Stofflet appartient à l'histoire. Il était fils,
petit-fils, neveu, frère, oncle et devint grand-oncle et
arrière-grand-oncle d'instituteurs lorrains, tous originaires des paroisses de Bathlémont, Serres, Athienville,
Hoéville, Sornéville et Vaxy.

La classe commençant avant qu'il fît complètement
jour, on récitait d'abord les prières et le catéchisme.
Puis venait la leçon de lecture. Les enfants lisaient à
tour de rôle, ou récitaient la *croizette* l'un après l'autre,
ce qui durait longtemps. On finissait la tâche du matin
par l'écriture.

Après-midi, il y avait aussi lecture et écriture ;
ensuite on apprenait le mécanisme des deux premières
opérations de calcul. Maître Thomas ne s'aventurait pas
plus loin, et pour cause. La séance se terminait par la
récitation de l'histoire sainte. Il va sans dire que chaque
séance commençait et finissait par la prière.

Pendant près de trois ans, jusqu'à la Toussaint de
1755, Jean Aubry reçut les leçons du maître d'école,
soit en classe, en hiver, — soit chez le père Thomas,
en été. Après ce stage, l'élève en savait autant que le
maître. Le jeune novice chantait au lutrin comme un

ancien clerc. La voix était forte, agréable, bien timbrée.
Le père François lui avait donné, outre les leçons prises
avec son frère pour la composition française, quelques
notions de langue latine, afin qu'il fût en état de comprendre ce qu'il lisait dans le psautier, ce qu'il chantait
à l'église. Dès cette époque, Jean-Joseph aurait pu diriger une école de paroisse. On attendait qu'une belle
occasion se présentât.

A la rentrée du 3 novembre 1755, maître Thomas
l'associa à son enseignement, l'employa comme aide,
pour apprendre, aux petits, la lecture et l'écriture. Le
jeune homme était heureux de *recorder* l'instituteur ; il
faisait ainsi son apprentissage. En dehors de ces occupations, il se perfectionnait dans l'art de l'écriture et
dans la pratique du calcul. Au moyen d'un petit livre
que lui avait donné le curé sans pouvoir en comprendre
l'importance, Jean parvint à vaincre les difficultés de
la multiplication et de la division, difficultés que le
père Thomas n'avait jamais pu surmonter. Ces opérations étaient bien plus compliquées qu'aujourd'hui.
Avec le système *décimal* des poids et mesures, ce n'est
plus qu'un jeu pour les écoliers ; il n'en était pas de
même avec le système des mesures complexes d'autrefois. En Lorraine, on avait toutefois cet avantage qui
n'existait pas en France : les mesures de longueur
étaient *décimales*. La toise valait 10 pieds, le pied 10
pouces, le pouce dix lignes, et la ligne dix points.

XXII

Faute grave

U<small>N</small> après-midi de la fin de janvier 1756, un petit Gallier (1), âgé de sept ans, dont la turbulence causait souvent du désordre dans le groupe des plus jeunes élèves, venait de réciter sa prière et sa *croizette* près du maître. En retournant à son banc, il passa vivement, et en sautillant, à côté de Jean Aubry, qui occupait, à droite, la dernière place de la dernière table. Le gamin poussa, par espièglerie, le coude du futur maître au moment où celui-ci enjolivait une superbe majuscule, en tête de la page, sur son grand cahier de calligraphie, suivant l'usage. La plume piqua le papier ; l'encre se répandit, faisant une grosse tache noire, — un *pâté*, — sur la majuscule. Aubry, cédant à son tempéramment, rougit de colère et lança, au pauvre petit, une giffle si violente que l'enfant tomba à la renverse, presque assommé. Sa tête heurta un angle de la chaire ; le sang coula de la blessure.

---

(1) Frère aîné de celui dont nous parlerons plus tard, et qui devint maître d'école à Sornéville.

Aux cris du petit Gallier, maître Thomas, qui avait le dos tourné, se leva vivement, prit le blessé dans ses bras et morigéna durement le grand garçon au sujet de sa brutalité. Jean-Joseph, dont la colère n'était point apaisée, répliqua d'un ton insolent. Le *magister*, peu endurant de sa nature, lui aussi, perdit son calme et s'oublia jusqu'à frapper le jeune homme des *lanières de martinet* qu'il avait à la main. Aubry, de plus en plus surexcité, repoussa brusquement son maître contre le mur, sortit furieux de l'école, courut jusqu'à la maison paternelle, où il ne trouva personne. Toujours dominé par l'émotion, et apercevant, sur la cheminée, le vieux fusil de son père, il s'en empara, n'ignorant pas que l'arme était chargée. Revenant sur ses pas en courant, il s'arrêta devant l'unique fenêtre de la salle d'école et tira, sans ajuster, au hasard, à travers les vitres, qui volèrent en éclats. Les plombs allèrent s'aplatir contre le mur opposé à la fenêtre, au-dessus de la chaire. La charge n'atteignit personne. Quelques enfants furent légèrement blessés par les éclats de vitres.

Au-dehors, dans la rue, il n'y avait personne.

Le pauvre maître d'école fut atterré

Après ce coup de folie, Jean-Joseph revint chez lui, déposa le fusil dans un coin, sortit par le jardin et s'enfuit à travers champs. Il commençait à avoir conscience de ce qu'il avait fait.

Le temps était froid. A l'heure où il fuyait comme un malfaiteur, Jean s'aperçut que la neige commençait à tomber. Tête nue, — il avait laissé son bonnet de laine à l'école; — vêtu d'une *rognette* et d'une culotte courte en *droguet*, chaussé de ses gros sabots, il avait couru jusqu'à la *Croizette*, après avoir traversé les jardins de la *Chardonne*.

Tout essoufflé, il s'arrêta et s'appuya contre le tronc de l'énorme poirier qui, de ses longues branches, abritait la vieille croix de mission.

Sa colère s'apaisait peu à peu. La voix de sa conscience devenait impérieuse. Le remords pénétrait en son cœur. Il se crut perdu. Malgré l'intensité du froid, de grosses gouttes de sueur coulaient sur son visage. A certains moments, au bruit du vent qui sifflait à travers les rameaux du vieil arbre sous lequel il s'abritait, il croyait entendre des pas sur le sol durci et couvert seulement d'un pouce de neige. N'était-ce point un garde du château envoyé à sa poursuite ? Il tremblait de frayeur autant que de honte.

Quatre heures venaient de sonner à l'horloge paroissiale. Le ciel était couvert de gros nuages gris ; le jour baissait rapidement ; l'atmosphère, de plus en plus sombre, faisait prévoir une nuit de plein hiver. La neige continuait, tombant fine et drue, poussée par le vent d'ouest. Le silence de la campagne n'était plus troublé que par le croassement des corbeaux qui passaient, par bandes, au-dessus de lui, se dirigeant vers la forêt. Un quart d'heure plus tard, il se trouva dans l'isolement et le silence complets.

Que faire ? Que devenir ?

Jean n'osait plus rentrer chez sa mère, dont il prévoyait la désolation. Lui, bon chrétien, que le père François chérissait ; — lui, qui devait être bientôt fiancé à Catherine Prédelot, la douce et vertueuse paysanne ! Lui qu'aimait maître Thomas, le dévoué *régent* qu'il avait voulu foudroyer ! Lui, que la dame du château avait distingué parmi les jeunes gens du village ! Lui, enfant de chœur, chantre à la voix sympathique et sonore, aimé de tous, — s'être rendu coupable d'une tentative de meurtre ! !

Par instants, le sang lui refluait au cœur ; la respiration s'arrêtait quelques secondes, puis reprenait haletante, désordonnée...

Meurtrier !... contre son bienfaiteur !... Car son coup de fusil avait dû atteindre maître Thomas, — peut-être aussi quelques jeunes élèves. Il ignorait le résultat de son acte insensé ; mais ce résultat pouvait être un malheur irréparable. Cependant, il espérait encore qu'il n'y eût point de victimes ; la Providence, protégeant les innocents, avait fait peut-être dévier la charge. Pour lui, certainement, le crime subsistait.

Des pensées tumultueuses accablaient le pauvre Aubry. La conscience profondément troublée, bourrelé de remords, il redevenait lui-même. Dieu lui parlait, étalant devant son imagination surexcitée, l'énormité de la faute commise.

Il claquait des dents, non de froid, mais de douleur et de honte, et se figurait un avenir lamentable, accablé sous la malédiction de tous les braves gens de la paroisse. Catherine le renierait et n'éprouverait plus, pour lui, que de l'horreur. Tous les cœurs allaient le repousser ; on le fuirait désormais comme on fuit les malfaiteurs ! Il serait isolé parmi ses concitoyens, parmi ses anciens camarades et amis ! Il souffrait, le pauvre garçon, toutes les tortures morales qui assaillent un coupable à l'heure où il peut se rendre compte de l'étendue de son crime !

Dans la crainte d'être rejoint par les gens qu'il croyait être à sa poursuite, il s'éloigna de la *Croizette* et suivit le chemin de Faux. Il faisait alors nuit noire. Les raffales de neige lui fouettaient le visage. Mais, tout entier à ses pensées douloureuses, il ne s'apercevait de rien, ne sentait ni le froid, ni les vannées de neige fine, marchant la tête basse, comme un désespéré.

Il atteignit le haut de *Touche-Bœuf* et descendit la pente rapide, trébuchant aux grosses pierres roulantes, semées dans le chemin, perdant ses sabots dans les ornières profondes.

Au bas de la descente, il tourna vers la droite et se dirigea sur le vaste cirque des Friches de Faux. Arrivé dans le vallon, il sentit plus vivement qu'auparavant les morsures de l'âpre bise, qui, maintenant soufflait en tempête. Pour s'en garantir, il obliqua plus à droite encore, vers le bois du *Champ-le-Loup*, dont les carrières pouvaient lui offrir un abri, un refuge. Et, en effet, il parvint à se blottir dans un creux qui surplombait une roche de sable. Au-dessus de cette large couverture,

croissaient deux grands chênes jumeaux. L'antractuosité
était assez profonde pour qu'il pût s'y caser et se mettre
au *coi*, contre la neige et le vent, — assis sur une pierre
qui se trouvait au fond de l'excavation.

Une sorte de réaction douloureuse se faisait alors en
lui. Il se prit la tête à deux mains, les coudes appuyés
sur les genoux, et sanglota comme un enfant.

Abattu par la fatigue, le froid et surtout le chagrin,
il finit par s'endormir.

Le jour commençait à pointre quand il s'éveilla. Le
sommeil n'avait pas calmé la douleur qui l'étreignait. Il
avait eu des rêves affreux. Ses tempes battaient encore
fortement ; ses pieds étaient engourdis et à moitié
gelés ; il grelottait la fièvre.

Le malheureux sortit de sa cachette et s'enfonça dans
la forêt. Obligé de marcher dans un demi-pied de
neige, il avançait péniblement. Ses sabots devenaient
de plus en plus lourds et restaient parfois au fond de
la couche épaisse, qui augmentait insensiblement. Ne
pouvant plus les dégager qu'avec de fatigants efforts,
il prit le parti de les tenir à la main. Il continua donc
sa course vagabonde en bas de laine, appuyé sur un
rondain laissé dans le sentier par un bûcheron, et qu'il
avait ramassé pour soutenir son pauvre corps défaillant.

Le vent continuait à siffler à travers les cimes
dépouillées des grands arbres ; la neige tourbillonnait
sans relâche dans les clairières et les larges tranchées.
Les éléments déchaînés étaient comme l'image de ce
qui bouleversait son esprit et son cœur : révolte de la
nature et révolte de la conscience !

Après plusieurs heures de cette marche pénible, le
fugitif parvint à la grande *charrière* qui aboutissait au
haut de Grand Ville. Il fallut s'arrêter et prendre un
peu de repos. Mais, au bout d'une demi-heure, Jean
fut obligé de reprendre sa course pour combattre le

froid glacial qui l'envahissait. Il pouvait être midi lorsqu'il déboucha sur les champs cultivés, Il errait sans but ; ses remords, autant que le besoin de se réchauffer le poussaient en avant, ne lui laissant pas un instant de répit. Le corps était dompté, l'âme restait endolorie. Et ses souffrances morales étaient si intenses, qu'il croyait en mourir, loin des siens, sans aucun secours, sur les champs en deuil. Semblable au Juif-Errant, il entendait, au-dedans de lui-même, une voix qui lui criait sans relâche, comme à Laquedem, le déicide, comme à Caïn, le fratricide : « Marche ! Marche ! »

Et il s'en allait, le pauvre garçon, à l'aventure, comme les maudits, redoutant, par dessus tout, la rencontre d'un être humain, — exténué, courbé sous l'atroce douleur !

Il traversa le vallon de l'Etang Voinard, longea le petit bois, franchit le *chemin ferré*, remonta vers les Cent-Chênes, où il fut obligé de s'arrêter de nouveau. La fatigue était extrême ; et cependant cette seconde pause fut de courte durée : — « Marche ! Marche ! » lui criait toujours le voix vengeresse. Il franchissait alors péniblement, automatiquement, les sillons uniformément couverts, tombant à chaque instant sur les genoux, faisant parfois entendre un douloureux gémissement. Il allait, comme allait le premier-né d'Adam à travers les plaines de la Mésopotamie. Toutefois, il n'avait point, comme ce premier meurtrier, la désespérance au cœur. Il ne disait point comme lui : « Mon crime est trop grand pour que j'en obtienne le pardon ! » — Sa foi était trop vive pour qu'il perdit tout espoir en la miséricorde divine. A chacune des chutes qu'il faisait dans les fossés séparant les sillons, il ne cessait de répéter ces mots : « Pardonnez, mon Dieu ! pardonnez au misérable qui implore votre pitié ! « Miséricorde, Seigneur, miséricorde ! »

N'ayant rien mangé depuis la veille, à midi, Jean devenait de plus en plus faible. Il luttait presque inconsciemment contre toutes les difficultés du chemin, contre la fatigue de là marche en sabots, contre le froid et la faim.

Lorsqu'il parvint à gagner la lisière de la *Goutte*, au-dessus des vignes, il s'assit au bord du talus, dans la neige.

Pendant qu'il errait à travers les bois et les champs, la fièvre s'était un peu calmée. Il put réfléchir et se demander quel était son devoir, dans la situation malheureuse qu'il s'était faite.

Son devoir ? Ah ! qu'il le connaissait bien ! Depuis le matin de ce jour lamentable, il repoussait constamment l'idée de retourner au village, de se jeter aux pieds de sa mère éplorée, de son excellent maître, et de solliciter leur pardon. Mais la honte le retenait, l'empêchait de rentrer au logis. La pensée lui était venue, persistante, obsédante, de fuir au loin et de se faire oublier de tous ceux qu'il avait contristés. Mais sa mère ? Ses frères ? Ces noms aimés revenaient à sa mémoire à chaque instant et, comme une force invincible, le retenaient aux alentours de son village.

Enfin, il obéit à un bon mouvement, prit une résolution. Quoi qu'il pût arriver, et soutenu par une vive tendresse pour sa mère, par la plus grande confiance en l'infinie bonté de Dieu, qu'il supplia de lui venir en aide désormais dans les épreuves douloureuses qu'il avait mérité de subir, il tomba à genoux, leva les yeux vers le Ciel, vers Celui qui pardonne au sincère repentir et réclama pitié !

Résolu maintenant à subir toutes les conséquences de sa faute, à suivre la loi inexorable du devoir et à expier, il descendit le sentier des vignes, suivit la prairie des *Vaux*, passa devant le moulin banal, et fut bientôt au bas des jardins. Au lieu de remonter la ruelle jusqu'à la *Dehatte*, il longea le ruisseau pour traverser la rue près de la fontaine, où il y avait un passage très fréquenté.

Il commençait à faire nuit.

Peu d'instants après, sans qu'il s'y attendit, une émouvante surprise lui était réservée.

XVIII

Catherine Prédelot.

RÉDELOT JEAN, laboureur et amodiateur de la terre de Sornéville pour le compte du chevalier de Baudouin, habitait la rue Chaude, presqu'au centre du village, quatre ou cinq maisons plus bas que la fontaine.

La ferme avait belle apparence (aujourd'hui maisons Génin), ayant été bâtie spécialement pour enserrer les récoltes provenant de la dîme ou des ascensements. Elle ne comportait qu'un rez-de-chaussée, mais très large et profond derrière lequel s'étendait un vaste jardin — partie en potager, partie en verger — traversé par une ruisseau.

La scrupuleuse probité, la complaisance inépuisable, les sages conseils du laboureur, et surtout son emploi d'amodiateur, l'avait rendu très populaire.

Son épouse, Anne Petitjean, était une vraie providence pour les pauvres. Chacun recourait à son obligeance et à celle de son mari, et jamais ils ne refusaient un service qu'ils pouvaient rendre.

Les Prédelot avaient une famille nombreuse, dont l'aînée, Anne-Catherine, née en 1736, avait le même âge que Jean Aubry. C'était une fille pieuse, modeste, compâtissante, comme sa mère, aux malades et aux indigents, — et très laborieuse.

Par leur position, ses parents jouissaient d'une certaine aisance.

Les Aubry habitaient presqu'en face de la maison de ferme, de l'autre côté de la rue.

Depuis longtemps, les deux familles étaient en relations suivies et amicales. Jacques Aubry et Jean Prédelot avaient été toujours excellents *compères*. L'un des fils Aubry, Anthoine, avait servi de parrain en 1754, à un enfant Barbier, dont la marraine était Marie-Anne Prédelot, sœur de l'amodiateur, et femme de chambre de dame Baudouin. Depuis que la Queurine était veuve, elle passait ses veillées d'hiver au poêle des Prédelot, — où elle filait sa quenouille en compagnie de la famille du laboureur et de quelques voisines. Pour ne pas rester seul à la maison, — Joseph, son frère, étant marié et Anthoine enrolé aux Gardes-Lorraines, — Jean accompagnait ordinairement sa mère.

Catherine et Jean avaient, l'un pour l'autre, une profonde sympathie. Leur affection réciproque s'accrut avec les années. L'amour remplaça l'amitié de l'enfance et de l'adolescence. Le jour où ils purent se rendre compte de leurs sentiments, ils se les avouèrent ingénûment, se promettant bien d'y être toujours fidèles.

Catherine, à 18 ou 19 ans, était une belle et forte paysanne, d'une taille bien prise, au-dessus de la moyenne, le teint un peu hâlé et bruni par le soleil d'été, aux traits réguliers, les cheveux châtains étaient tellement abondants qu'elle avait peine à les retenir sous son bonnet en tulle blanc, à longs tuyaux de dentelle. Le dimanche, elle portait une *cotte* rayée bleu et blanc, une veste de drap bleu, épais — un mouchoir de cou en pointe, à beaux ramages, un tablier de *perse*. Après vêpres, elle passait son temps à visiter quelques malades.

En semaine, elle travaillait aux champs avec sa mère, ou s'occupait, en hiver, des soins du ménage, de la nourriture des bestiaux et de la basse-cour. Nulle ménagère ne s'entendait mieux qu'elle à faire des 8 sur le plancher lorsqu'elle avait en main son arrosoir de chambre, — et à se servir du traditionnel balai de genêt. Aussitôt que la maison était en ordre, elle prenait son rouet, filait la laine, pour le droguet d'hiver, ou le lin et le chanvre pour le linge de la famille. Les armoires de vieux chêne en étaient complètement garnies.

On ne peut se figurer aujourd'hui la fierté très légitime et fort louable qu'éprouvait alors une fille de laboureur, en ouvrant ses armoires devant les étrangers, — ce que, d'ailleurs, elle n'avait garde d'oublier.

Prédelot se reposait, en hiver et en été, de tous les soins de l'intérieur, sur sa femme et sa fille aînée. Au moment des récoltes, il était surchargé de besogne, avec ses *panniers* (1), pour le comptage et l'enlèvement de la portion du seigneur, dans les champs moissonnés. Le reste de la belle saison, il soignait ses propres cultures.

Il n'avait pas vu de mauvais œil grandir l'affection de sa fille pour Jean Aubry, qu'il trouvait intelligent, réservé, laborieux, et qui serait bientôt un digne régent. Catherine pouvait être heureuse avec ce jeune homme. Du reste, le père François n'était pas étranger au consentement de Prédelot relativement à l'union future de ces jeunes villageois. Entre la famille de l'amodiateur et la Queurine, il avait été convenu que Jean et Catherine seraient mariés aussitôt que le fils Aubry aurait obtenu l'emploi qu'il convoitait.

Toute la population de Sornéville les considérait comme fiancés.

---

(1) C'est ainsi qu'on désignait les manouvriers qui portaient les gerbes. En patois, les épis sont appelés : *pâmes* (palmes.)

Souvent, les dimanches, de Pâques à la Notre-Dame de septembre, les deux *promis* allaient, dans l'après-midi, en compagnie des filles et des garçons de leur âge, se promener au bois de *Humémont*, qui, cent ans auparavant, était appelé : Bois de Michemont. On riait, on chantait, on rondiait, on s'amusait, en un mot ; mais toujours très honnêtement.

Suivant la saison, on en rapportait des bouquets de primevères, de violettes, de muguet, de fraises ou de framboises. On recueillait les noisettes ou les cornouilles dans les jeunes taillis. Jean et Catherine n'étaient pas les moins gais de la bande.

En ces temps de mœurs naïves et pures, de grande foi chrétienne, et de familiarité décente entre voisins et habitant d'une petite localité, tout se passait au grand jour, parmi les jeunes gens. On n'aurait pu citer un seul exemple d'oubli ou d'inconduite.

Le révérend père François autorisait parfois, de sa présence, les ébats de la jeunesse, dans cette forêt qui touchait presque au village. Il assistait aux rondes bruyantes qui se faisaient dans une clairière à l'ombre d'une immense charmille. Il aimait tous ces enfants, qu'il avait baptisés, auxquels il avait donné la première communion, qui n'avaient pas le moindre secret pour lui.

Il les surveillait d'un œil paternel dans leurs jeux, jusqu'au jour où ils seraient appelés à fonder une famille. Il affectionnait tout particulièrement Catherine et Jean, dont il avait préparé les fiançailles et qu'il espérait marier bientôt. Il était alors joyeux et riait à gorge déployée lorsque, dans une ronde, Jean, vigoureux et souple, entraînait vivement la bande en sautant, et répétant le refrain, de sa voix sonore et bien timbrée :

> Sur l'herbe, ma brunette,
> Sur l'herbe, nous irons !

Ou bien :

> Elle vole, elle vole, comme la plume,
>> Légèrement
>> Comme le vent !

Compère Thomas se faisant vieux, son emploi serait peut-être vacant dans un an ou deux. Il faudrait un nouveau titulaire. Le fils Aubry avait plus de chances que tout autre d'être choisi par le conseil des Echevins.

Les choses en étaient là au moment où survint le déplorable évènement qui, par un mouvement de colère, fit du jeune homme un grand coupable.

. Catherine apprit, le soir même, par la rumeur publique, la faute grave commise par son promis. Elle faillit mourir de douleur, — mais trouva cependant assez d'indulgence en son cœur pour l'excuser et le plaindre. Il est vrai qu'il avait cédé à un emportement violent et subit, très regrettable ; mais, en définition, il n'en était résulté aucune conséquence fâcheuse pour le maître et les élèves. Elle oubliait, la pauvrette, qu'un grand-malheur aurait pu arriver.

Tout en déplorant amèrement la folie passagère de son fiancé, elle sentit grandir en elle une pitié tendre et douloureuse, qui se traduisit, dès ce moment, et pour toujours, près de ses parents et de ses compatriotes, par une mélancolie profonde et incurable. Elle en voulut même à maître Thomas d'avoir traité son cher Jean comme un écolier de dix à douze ans.

Il avait fui ! Qu'était-il devenu ? Reviendrait-il enfin ? N'avait-il pas pris une funeste détermination pour échapper aux durs reproches qu'il avait encourus ?

La pauvre *Catiche* (c'est le surnom qu'on donnait aux Catherines) sortait, à chaque instant, dans la rue, écoutant les conversations des laboureurs et des artisans, afin de savoir si le fils Aubry était rentré près de sa mère. Elle allait parfois jusqu'au fond du jardin, jetant un regard inquiet sur la campagne, avec le secret espoir de le voir revenir. Elle récitait son chapelet, demandant à la Vierge-mère, refuge des pécheurs, de le protéger, de le ramener bien repentant. Toute la nuit et toute la journée du lendemain, la mère Aubry, son fils Joseph et la famille Prédelot, furent sur pied, dans des transes continuelles.

XIX

Retour du coupable

CATICHE était venue, pour la vingtième fois peut-être, malgré l'inclémence du temps, au bout du verger, près du ruisseau. Dolente, oppressée par l'angoisse, en proie à la fièvre ; elle essayait de rafraîchir, au grand air, son front brûlant, de calmer les battements désordonnés de son cœur.

Jean Aubry l'aperçut à trois pas, et s'arrêta stupéfait. La bonne et brave fille tomba presque à la renverse, tant l'apparition soudaine de son fiancé la bouleversa. La nuit était venue ; ni l'un, ni l'autre, n'avaient pu se voir d'assez loin pour que le jeune homme évitât cette rencontre, qu'il avait redoutée par-dessus tout, — et pour que la jeune fille eût le temps de maîtriser son émotion.

Sous l'empire de la honte, Jean fit un mouvement pour retourner sur ses pas. Mais lorsqu'il vit sa chère Catherine joindre les mains d'un air désolé, en suppliante ; lorsqu'il l'entendit, la voix pleine de sanglots, lui dire ces deux mots : « Pauvre ami ! » il revint près d'elle, poussant un profond soupir, n'osant la regarder, baissant la tête et semblant prêt à entendre prononcer une sentence de mort. « Pauvre ami ! »

répéta Catherine en lui prenant la main, — une main glacée, tremblante sous les frissons de la fièvre.

Un cri s'échappa des lèvres d'Aubry :

— « Je suis maudit ! »

Et il s'affaissa aux pieds de sa fiancée, dans la neige, accablé de douleur, étreint par les angoisses, affaibli par deux jours passés dans les souffrances que lui avaient causées le remords, le froid, la fatigue, l'absence de nourriture.

Mais, tout à coup, le sentiment du devoir reprit en lui une force nouvelle. Il se releva, serra la main de la jeune fille, et, la fixant d'un regard aussi tendre que résolu :

— « Catherine, dit-il, je suis un criminel, un misé-
« rable sur qui doit retomber le châtiment de Dieu. Il
« est de toute justice que j'expie l'attentat dont je me
« suis rendu coupable. Dès à présent, je me soumets à
« toutes les épreuves que le Souverain Juge me réserve.
« Je ne suis plus digne de vous. Oubliez le malheureux
« qui avait occupé, jusqu'ici, la meilleure place en
« votre cœur.

« Reprenez votre liberté. Je veux, par ma conduite et
« mes efforts persévérants, réparer dans l'avenir le
« mal que j'ai fait, et dont je crains de connaître les
« résultats. Pardonnez, ma chère bien-aimée, la dou-
« leur que je vous cause. Soyez heureuse, sans moi,
« comme vous méritez de l'être. Ne pensez au coupable
« qui, en ce moment, est devant vous, que pour deman-
« der à Dieu, dans vos prières, de le prendre en pitié,
« de ne l'écraser point dans son juste courroux.

« Je vous aimerai toujours, ma douce et bonne amie,
« jusqu'à mon dernier soupir. Jamais une autre affec-
« tion ne pourra effacer en moi celle que je vous ai
« vouée depuis notre enfance. Votre souvenir me gui-
« dera, me protègera dans la voie inévitablement dou-
« loureuse que je vais suivre désormais.

« Ne vous offensez point de mes paroles, chère fian-
« cée. Le maudit a besoin de penser souvent aux anges

« quand il veut se réhabiliter et ne point tomber dans
« l'abîme du désespoir.

« L'image et le souvenir de ma bien-aimée seront,
« j'en suis sûr, ma sauvegarde contre de nouvelles
« fautes.

« Adieu, ma Catherine tant aimée, adieu ! ! »

Et il s'enfuit sans tourner la tête, laissant la pauvre
fille défaillante, anéantie !

Il remonta, jusqu'à la fontaine, le sentier qui longeait
le ruisseau, et se trouva dans le village, presque en face
de la maison paternelle. Brûlant de fièvre, très ému de
sa rencontre inattendue avec Catiche Prédelot, il prit
le parti d'entrer brusquement au logis de sa famille.

A l'âtre, flambait un grand feu. La Queurine préparait
son repas du soir. Tout en vaquant aux soins du
ménage, elle pensait à son plus jeune fils, et les larmes
ruisselaient sur ses joues hâves. Près du feu, dans une
attitude morne, l'angoisse peinte sur le visage, Joseph
et Anthoine étaient assis sur des chaises de bois.

Dans sa désolation, ne sachant plus que faire, la
pauvre mère avait envoyé son aîné à Lunéville, pour
s'enquérir si Jean ne s'était pas rendu près d'Anthoine.

Celui-ci, informé de ce qui venait de se passer, avait
obtenu, sur le champ, l'autorisation de s'absenter trois
jours, pour seconder les recherches, essayer de consoler la mère Aubry. Il avait accompagné Joseph, et il
était trois heures après-midi lorsqu'ils arrivèrent à
Sornéville.

Pendant le reste de la journée, avec le secours de
quelques parents et amis, ils avaient parcouru les
champs et les forêts d'alentour pour découvrir quelque
trace du fugitif. Harassés de fatigue, ils venaient de
rentrer sans avoir découvert le moindre indice.

Jean souleva le loquet sans bruit, et entr'ouvrit la
porte de la cuisine. Apercevant sa mère, il fit trois pas
et tomba à ses pieds, criant d'une voix à demi étouffée
par la plus douloureuse émotion :

— « Pardon ! mère, pardon ! pardon ! »

Puis lui saisissant les deux mains, il ajouta :

— « Pitié ! pitié ! pitié ! »

Joseph, resté sur sa chaise, pleurait à chaudes larmes. Anthoine s'était levé en sursaut. Etendant les bras vers son puîné, qu'il voyait si humble, si contrit, si accablé et si suppliant :

— « Mon pauvre Jean ! dit-il. »

Et sans proférer d'autre plainte, il l'étreignit sur son cœur, et le tint longtemps pressé contre sa poitrine.

Joseph, profondément troublé, vint à son tour près de ses deux frères, et les trois têtes des Aubry se pressèrent.

La Queurine, ne pouvant plus se tenir debout était tombée assise sur la chaise d'Anthoine. Elle contemplait ce beau spectacle de ses trois enfants enlacés, qui témoignaient ainsi de leur tendresse fraternelle.

— « Comme ils s'aiment ! dit-elle enfin. Qu'il est « bon, mon Anthoine ! Qu'ils sont beaux, tous trois ! « — Jean est bien coupable, pensait-elle ; et cependant « je ne puis le condamner. Pourrais-je maudire le fruit « de mes entrailles ? »

Jean quitta ses frères, se rapprocha de sa mère désolée, leva de nouveau, vers elle, ses regards suppliants :

— « Je t'en supplie, mère, ne me repousse point ! »

Et la Queurine lui prit la tête à deux mains, mit un long baiser sur son front, mêla ses larmes à celles de son malheureux enfant.

— « Tu m'as causé un bien grand chagrin, dit-elle ; « je vis, depuis deux jours, dans la plus poignante « anxiété. Mais je ne te repousserai point. Jésus mou- « rant a pardonné à ses bourreaux ; le cœur d'une mère « peut-il rester froid devant un fils coupable, mais repen- « tant ? »

La veuve Aubry et les deux fils aînés invitèrent Jean à s'asseoir près du feu et lui firent prendre un peu de bouillon chaud. La circulation du sang se rétablit,

et devint plus active ; le malheureux sentit la vie renaî-
tre en lui ; mais il sentit aussi s'aviver le remords qui
le rongeait depuis la veille.

Les démarches à faire pour épargner la honte à cette
pauvre famille furent remises au lendemain.

XX

Résultats d'un mauvais coup

Au coup de feu tiré à travers les vitres, les enfants de l'école avaient été saisis de frayeur. Ils tremblaient de tous leurs membres ; les plus jeunes se précipitèrent instinctement près de la chaire, se serrant les uns contre les autres, cherchant à s'abriter sous la protection du maître. Sur un signe de celui-ci, un des plus grands élèves sortit quelques secondes après, et aperçut Jean Aubry qui fuyait, tenant en main l'arme encore fumante. En rentrant dans la classe, l'écolier raconta ce qu'il venait de voir.

Maître Thomas s'efforça de rassurer ses élèves. La panique n'avait duré que quelques minutes.

Il y avait plusieurs blessés auxquels les éclats de vitres n'avaient heureusement pas fait grand mal, mais dont il était urgent de s'occuper. Trois enfants seuement, les plus rapprochés de la fenêtre, avaien reçu à la tête des éraflures d'où le sang coulait. L'instituteur fit apporter de l'eau fraîche et du linge, lava soigneusement et pansa ces légères blessures. En somme il n'y avait rien de grave.

Mais l'heure de la sortie étant proche, le maître, incapable de continuer sa classe à cause de l'émotion qu'il venait de subir, renvoya tout son petit monde.

Immédiatement après, on apprit, dans tous les ménages, par les écoliers, ce qui s'était passé. Dans les premiers moments, ce fut une clameur générale.

Le père François, averti un des premiers, accourut chez le maître d'école, qui lui donna les détails les plus précis, puis se rendit chez la veuve Aubry, où il pensait trouver Jean. La Queurine avait été mise au courant par une voisine obligeante, sinon charitable. Le bon curé la trouva seule, tout en larmes. Il tâcha d'adoucir, comme il put, le chagrin de la veuve, lui promettant d'aller, le soir même, au château, dans le but d'implorer la clémence du seigneur *haut justicier*.

Il y alla. Messire de Baudouin le reçut cordialement, comme d'habitude, et apprit avec stupeur, le fait regrettable qui mettait tout le village en émoi.

Le châtelain et la châtelaine, instruits de tous les détails de cette affaire, dont les suites ne pouvaient avoir rien de grave, donnèrent au révérend père l'assurance que toute leur bienveillance était acquise, depuis longtemps, à la famille Aubry. Ils affectionnaient ces trois garçons, dont le cadet avait été leur serviteur dévoué ; il fallait attendre que l'émotion générale fût calmée. Car on décide toujours plus sûrement, plus équitablement, quand sont apaisées l'indignation et l'effervescence que produit un évènement douloureux.

Après avoir fait ces premières démarches et pris les précautions qu'il avait jugées nécessaires pour que le malheureux jeune homme ne fût pas inquiété dès les premiers jours, le père François rentra au presbytère. Il y veilla très tard, attendant impatiemment qu'on vînt lui annoncer le retour de Jean. En quittant la veuve Aubry, il l'avait priée de le prévenir, à quelle heure que ce fût, des nouvelles qu'elle pourrait avoir du fugitif. Mais, comme nous l'avons dit, la nuit et le jour suivant se passèrent dans une vaine et pénible attente.

Pendant la tempête qui avait soufflé toute la nuit, il n'avait pas été possible de faire des recherches. De gros nuages gris plombé roulaient très bas dans l'atmos-

phère. On ne voyait ni lune, ni étoiles. Le vent faisait
rage. La gelée avait durci les chemins ; mais la neige
était tombée fine et drue comme des grains de mil,
fouettant et piquant, comme des pointes d'aiguilles, le
visage des gens qui allaient à la veillée.

Beaucoup supposaient que le fils Aubry s'était réfugié
dans la forêt profonde, où il lui était possible de se
mettre à l'abri du vent, et où il pouvait éviter facilement la rencontre des gardes du château.

D'autres pensaient que, favorisé par le mauvais temps
et une longue nuit d'hiver, il avait dû fuir dans un
pays voisin. Chacun était persuadé qu'il n'avait pu
céder au désespoir ni attenter à sa vie. On le savait
fervent chrétien, dévoué à sa famille et à ses amis. Il y
avait lieu, par conséquent, d'espérer que le remords,
le sentiment du devoir, l'amour des siens, le ramène-
raient bientôt, soumis et respectueux.

Ce qui inquiétait surtout la pauvre mère, c'était les
suites de l'acte criminel qui venait d'être commis ;
c'était aussi l'avenir de honte et de misère réservé à son
plus jeune fils. Dieu lui envoyait, hélas ! une bien
cruelle épreuve !

XXI

Devant le seigneur justicier

CHEZ les Aubry, après avoir passé une nuit moins troublée que la précédente, mais presque sans sommeil, on se leva de bon matin. Lorsque l'heure convenable fut arrivée, Anthoine se présenta seul au château.

— « Tu viens me parler de ton frère ? lui dit
« messire de Baudouin dès qu'il l'aperçut. Je sais tout.
« Notre vénérable pasteur m'a mis au courant, avant-
« hier au soir. Le malheureux est-il rentré au logis ?

— « Oui, Messire ; hier, à la nuit tombante, il est
« revenu transi, affamé, accablé de remords et pleine-
« ment repentant. Nous étions là, près de notre mère,
« mon frère aîné et moi. En entrant, Jean s'est jeté aux
« pieds de cette bonne mère pour implorer son par-
« don.

— « Pourquoi n'est-il point ici, avec toi ?

— « Oh ! Messire, la honte dont il se sent couvert
« l'empêche de sortir de la maison. Ayez pitié de lui,
« je vous en conjure. L'état d'épuisement dans lequel
« il se trouvait hier ; les souffrances morales et physi-
« ques qu'il a endurées pendant deux jours, l'ont déjà
« bien puni de son égarement.   9

En ce moment, la châtelaine entra. Madame Marie-Françoise de Rutant était bonne et compâtissante. On l'aimait, dans le village, comme on avait aimé défunte Marie-Henriette de Pleneuf, première femme du chevalier. D'une illustre famille de Lorraine, Madame Françoise avait hérité de la popularité de Madame Henriette. Cette popularité était plus grande encore, parce que les de Rutant étaient du pays lorrain.

— « Eh ! bien, Anthoine, dit-elle ; ton frère est-il enfin retrouvé ?

— « Il est rentré au logis hier au soir, Madame, « bien confus et tout contrit. Je viens demander grâce « pour lui.

— « Il a été d'autant plus coupable, reprit Mme Bau- « douin, qu'il n'a jamais eu que des exemples de vertu « dans sa famille.

— « Va lui dire que je veux le voir à l'instant même, « dit le Chevalier ; amène-le-moi.

— « Aie confiance, ajouta Madame Françoise, au « moment où Anthoine sortait.

Un quart d'heure plus tard, il se présentait de nouveau devant ses anciens maîtres. Son jeune frère l'accompagnait, la tête basse, les bras ballants, pâle, tremblant, courbé sous le poids de la honte. Jean n'avait fait aucune résistance lorsqu'Anthoine lui avait transmis l'ordre qu'il venait de recevoir ; il était résigné à subir toutes les épreuves qui pouvaient lui être infligées. Ne fallait-il pas expier son crime ?

— « Tu ne sauras donc jamais, malheureux, répri- « mer tes emportements ? dit le chevalier à Jean. Tu ne « veux donc point essayer de maîtriser, par une « énergique volonté, ton maudit penchant à la « colère ? Vois, pourtant, à quelle extrêmité il t'a « poussé ! Je crains l'avenir, mon garçon, non-seule- « ment pour toi, mais pour tes vaillants frères, que tu

« déshonores. Tu réserves peut-être une pénible vieil-
« lesse à ta mère. En ce moment, dans la paroisse, nous
« sommes tous attristés au sujet d'un scandale qui ne
« s'est jamais produit dans notre brave population de
« Sornéville.

— « Si, du moins, nous pouvions être assurés de ton
« repentir, ajouta Madame Françoise !

Jean, touché par cette douceur et cette bienveillance,
releva vivement la tête, jeta sur la dame un regard
franc et respectueux, et répondit, sans la moindre hésitation :

— « Madame, je suis un misérable, indigne de pitié,
« je le reconnais ; mais je ne veux pas être un déses-
« péré. Avant de revenir près de ma mère, j'ai pris,
« devant Dieu, la ferme résolution de me relever de ma
« chute profonde, et de combattre, sans trève et avec
« son aide, mon penchant maudit. Je promets, — et
« vous prends respectueusement à témoin, — vous,
« Madame, toujours si miséricordieuse et si charitable
« pour les gens de votre terre ; — et vous, Messire, qui
« avez déjà tant fait pour ma famille, et en particulier
« pour Anthoine, — de faire désormais tout ce qui sera
« en mon pouvoir pour reconquérir ma dignité
« d'homme, pour ne plus céder à mes mauvais instincts.
« Veuillez croire que je saurai tenir ma promesse.
« Poursuivi sans cesse par le remords, je saisirai toutes
« les occasions de me réhabiliter dans l'esprit de mes
« compatriotes, d'atténuer les effets du crime que j'ai
« commis, et de mériter votre indulgence.

Sans répondre au jeune homme, le chevalier fit appeler maître Thomas, afin de connaître son sentiment à
l'égard de celui qui l'avait si gravement offensé, — et
de le rendre témoin de la décision qu'il allait prendre
sur cette affaire.

Aussitôt que le maître d'école fut introduit dans la
salle basse où se trouvaient les châtelains et les fils
Aubry, Jean éprouva un tel saisissement, que tout son
sang reflua vers le cœur. Peu s'en fallut qu'il étouffât

de chagrin. Son visage augmenta de pâleur et devint
presque livide. Il recula instinctivement, comme pour
fuir la présence du maître qu'il avait outragé. Mais le
régent, après avoir salué respectueusement le chevalier
et Madame Françoise, s'aperçut du trouble et de l'angoisse peints sur la figure de son élève préféré. Le
digne instituteur était naturellement indulgent. Il fit
deux pas vers Jean, lui prit les mains d'un mouvement
affectueux, le ramena près des seigneurs, et lui mit au
front un baiser tout paternel.

Les châtelains avaient laissé faire, attendant le
dénouement de cette première et émouvante entrevue.

Jean fondit en larmes, se courba devant le maître
d'école et murmura d'une voix plaintive :

— « Vous ne pourrez jamais me pardonner ! »

— « Mon cher enfant, répondit l'instituteur, je
« connais trop tes brusques colères ; mais je connais
« aussi les qualités et la noblesse de ton cœur. Fais
« donc tous tes efforts pour ne plus te laisser dominer
« par les instincts de la brute. En ce qui me regarde,
« je te pardonne volontiers un moment d'égarement,
« je te dirai même de *folie*. Mais songe à toi, je t'en
« prie ; songe à ta mère, à tes excellents frères, à tes
« anciens amis. Consulte ta raison, obéis à ta cons-
« cience, afin de ne plus succomber sous les
« odieuses poussées d'une malheureuse passion
« d'orgueil.

« Je demande à notre honoré seigneur, à notre
« très gracieuse Dame, de te prendre en pitié, d'user
« envers toi d'indulgence et de compassion.

Messire de Baudouin prit alors la parole :

— « A cette heure, personne, au village, ne pense
« plus à tes qualités. Il n'y est question que de ta faute.
« Que feras-tu désormais, en face de ceux qui con-
« naissent ta conduite à l'égard de ton maître et ami ?
« Tu n'oseras plus lever les yeux. Pendant des années
« et des années, peut-être, tu subiras la honte
« d'entendre répéter que tu manques de caractère et de

« cœur, que tu te laisses conduire par tes passions.
« Tes ennemis, — on en a toujours, quoi qu'on fasse,
« — ne laisseront échapper aucune occasion de te
« reprocher durement ta faute, qu'ils considèrent
« comme un crime. Tu ne peux plus demeurer au
« milieu des compagnons de ton enfance.

« Je ne vois d'autre parti à prendre, dans la situation
« que tu t'es faite, que de quitter le village pour long-
« temps. Si tu essayes de te faire nommer *régent*
« *d'école* dans une des communes environnantes, tu
« échoueras, parce que tu auras perdu toute confiance.
« On prendrait des renseignements avant de t'accepter.
« Ton passé serait vite connu et l'on te préférera tou-
« jours · un concurrent dont la vie aura été honnête
« jusque là. »

« Il ne te reste qu'un seul moyen de vivre honora-
« blement, c'est de prendre la même détermination
« que ton frère Anthoine. Engage-toi dans un régi-
« ment français ; la carrière des armes est une noble
« carrière ; elle purifie de bien des péchés de jeunesse.
« Elle te permettra, en te dévouant pour le pays,
« d'expier ta conduite criminelle, de régler et de
« modérer tes penchants par la forte discipline qui
« règne dans nos régiments. Acceptes-tu cette solu-
« tion ?

— « Je me soumets d'avance, Messire, à tout ce que
« vous ordonnerez, vous remerciant, de tout mon
« cœur, de ne pas vous montrer plus sévère pour un
« misérable comme moi. Je n'ai plus à discuter sur
« mes goûts. Je dois une réparation ; je ferai en sorte
« qu'à l'avenir elle soit complète.

— « Eh ! bien, dans quelques jours je verrai mes
« amis de Lunéville, — les comtes de Chabo et de
« Bréhant, — dans l'intention de faciliter ton incorpo-
« ration aux Gardes-Lorraines, régiment de ton frère.
« Tu prendras Anthoine pour guide et pour confident :
« tu ne peux en trouver de meilleur et de plus sûr. »

Les fils Aubry et maître Thomas se retirèrent après
avoir offert, tous trois, leurs remerciements à Messire
de Baudouin et dame Françoise. Le jour même,
Anthoine rejoignit sa compagnie.

XXII

Départ de Jean

O N sut bien vite, dans le village, avec quelle indulgence le jeune Aubry avait été accueilli et traité par le seigneur. En même temps, le bruit se répandit que Jean, sur le conseil du chevalier, renonçait à la profession d'instituteur et allait se faire soldat, comme Anthoine.

La mère Prédelot, apprenant cette nouvelle, accourut chez la veuve Aubry, désirant se convaincre que ce qu'elle avait entendu raconter, ce qui se propageait par la rumeur publique était faux.

En entrant dans la cuisine, elle aperçut Jean, qui préparait le feu. Elle lui tendit la main, lui disant, les larmes aux yeux :

— « Catherine a beaucoup de peine. Elle est malade,
« n'a pas quitté le lit depuis que tu l'as rencontrée, et
« m'a instruite de ce qui s'est passé entre vous à cette
« dernière entrevue. Eh ! quoi ! Jean, n'as-tu pas une
« parole d'espérance à me donner pour elle ? Nous
« sommes convaincus que tu n'as cédé qu'à un sentiment
« passager de colère, et que maître Thomas l'a provoqué
« en te traitant comme un petit écolier. En définitive,
« personne n'a eu de mal ; il n'y a pas eu de blessures,
« sauf de légères égratignures produites par les éclats

« de la vitre. Malgré l'effroi qui s'est emparé d'elle au
« premier moment, Catherine t'aime toujours ; elle
« m'a chargée de te dire que jamais elle ne pourra
« reporter sur un autre la vive affection qu'elle a pour
« toi. Le père Prédelot, hier encore, ne voulait plus
« entendre parler de toi. Mais ce matin, voyant le grand
« chagrin de notre aînée, il est revenu à de meilleurs
« sentiments à ton égard. Reviens la voir, mon Jean ;
« tout ce qui peut la consoler, la ramener à la santé, tu
« le lui diras. Reste son *promis*. On aura bientôt
« oublié ta faute, et alors les jours s'écouleront paisibles,
« comme par le passé.

— « Je vous remercie de votre démarche et de vos
« bonnes amitiés, marraine Prédelot ; j'en suis tout
« honoré et même très confus. Je conserverai toujours
« une grande tendresse pour ma chère et bonne
« Catherine ; son souvenir ne me quittera jamais. Vous
« pouvez lui donner l'assurance qu'elle aura sans cesse
« la meilleure place en mon cœur. Nulle autre ne l'y
« remplacera. Je le lui ai dit, et je tiendrai ma promesse.
« Mais elle sait bien que je suis maintenant indigne
« d'elle. Je me suis rendu gravement coupable ; je dois,
« et je veux, expier un moment de funeste égarement.
« Dans quelques jours, je quitterai ma chère mère
« pour aller vivre au régiment, peut-être même, un
« peu plus tard, au milieu des camps. Je me fais
« soldat pour être oublié ici après mon départ : c'est ce
« que je puis désirer de mieux. Il ne m'est donc point
« possible de retourner près de Catherine et de lui
« donner un espoir que ma conscience et le sentiment
« de mon indignité m'interdisent de lui donner. Je
« souffrirai certainement beaucoup d'un pareil déchi-
« rement de cœur, d'une aussi cruelle séparation ;
« mais, chez un honnête homme, le devoir doit passer
« avant tout le reste. Une nouvelle entrevue serait,
« pour tous deux, plus pénible encore que la dernière.
« Il vaut mieux y renoncer. »

La mère Prédelot sortit bien dolente, ne sachant comment elle allait s'y prendre pour instruire sa fille de l'irrévocable décision prise par Jean Aubry. En rentrant chez elle, où Catherine l'attendait avec impatience, la pauvre femme dut mettre sa chère enfant au courant des résultats de sa démarche. Catherine l'interrogeant fébrilement, le cœur oppressé par l'angoisse, il n'était pas possible, ni prudent, de lui déguiser la vérité. Elle fut sérieusement malade. Cependant au bout de deux mois, la vigueur de sa constitution, peut-être le secret espoir d'un rapprochement qu'elle entrevoyait dans un avenir plus ou moins lointain, triomphèrent de la fièvre. Elle ne put, toutefois, secouer, avant longtemps, la tristesse dont ses traits portaient l'empreinte.

*

Quinze jours plus tard, le chevalier fit appeler Jean Aubry et lui fit connaître que les formalités de son incorporation aux Gardes-Lorraines étaient remplies, qu'il n'avait qu'à se présenter au corps dans la huitaine au plus tard. Son frère se chargerait de le faire recevoir dans la compagnie dont il devenait une recrue.

Messire de Baudouin ne lui cacha point que le capitaine auquel il devait être présenté était instruit du motif pour lequel avait lieu l'enrôlement, et le prévint qu'on aurait l'œil sur lui ; qu'on se montrerait sévère à son égard, à cause de son passé ; mais qu'on serait bienveillant dès qu'on aurait acquis la certitude qu'il s'efforcerait de mettre son énergie au service de ses bonnes intentions.

Madame Françoise, toujours généreuse, lui mit un louis dans la main, pour ses frais de premier équipement.

— « Va, mon garçon, lui dit-elle ; mets ta confiance « en Dieu, qui pardonne toujours au vrai repentir. »

On était au samedi, et le départ fut fixé au lundi suivant. Le lendemain, dimanche, l'église fêtait la *Chandeleur*. Ce samedi même, dans la soirée, le fils Aubry alla demander au père François les conseils dont, plus que jamais, il allait avoir besoin. L'entretien dura longtemps. Les sages avis, les bonnes et encourageantes paroles du saint prêtre rendirent un peu de calme au futur soldat. Ne voulant pas s'éloigner de la paroisse sans s'être réconcilié avec Celui dont la miséricorde n'a point de limites, il se mit à genoux devant le vénérable pasteur, afin d'être en règle avec sa conscience.

Le dimanche, à la grand'messe, devant toute la paroisse, il compléta cette réconciliation en recevant humblement le pain des forts. Muni du viatique par excellence, il ne songea plus qu'à ses préparatifs de départ.

Ils ne furent pas longs. Chez les pauvres gens, on n'entasse point, dans de nombreuses valises, les vêtements et le linge de rechange, encore moins ceux de luxe. Il fallait, d'ailleurs, se conformer aux règlements militaires : deux chemises en grosse toile de chanvre ; deux mouchoirs de poche en cotonnade ; trois paires de bas de laine tricotés par sa mère ; voilà tout ce que Jean emportait, — outre les *hardes* du dimanche, qu'il devait endosser.

Le petit paquet, enveloppé d'une serviette de toile, rayée de deux bandes rouges, n'était pas lourd.

A la sortie des vêpres, quelques amis restés fidèles vinrent faire leurs adieux au pauvre garçon. La mère Aubry fut très flattée de ces preuves de sympathie à son dernier-né.

Vinrent aussi quelques notables de la commune. Gallier amena son fils, cause involontaire du déplorable évènement qui avait mis la paroisse en émoi. Il regrettait bien sincèrement le moment d'oubli qui obligeait Jean à s'éloigner ; il l'assura de sa bonne amitié et d'un sympathique souvenir. Puis les deux Gouvenez, — Jean-Pierre et Jean-Louis, — qui apportèrent au jeune Aubry une paire de souliers neufs, solides et bien ferrés, avec boucles d'acier. Ils en refusèrent le payement. C'était un souvenir de reconnaissance envers la famille de Jacques Aubry. Vinrent encore Prédelot, Lallement, Coqueron, Goury, Morville et plusieurs autres.

Ces quelques témoignages de franche cordialité pour une famille éprouvée, rendirent un peu de confiance à Jean. Il pouvait être sûr de n'être point tout à fait oublié de ces braves gens lorsqu'il aurait disparu de son village.

Quelques bourses, bien modestes, il est vrai, s'étaient ouvertes à son service. Mais il refusa nettement tout ce qui lui était offert, dame Françoise ayant pourvu largement à ses premiers besoins.

Tout était donc réglé pour le mieux.

La mère et le fils Aubry dormirent aussi peu, cette nuit, que la nuit du retour de Jean. Ils étaient oppressés par le chagrin que produit ordinairement une séparation dont on ne peut prévoir le terme, et furent sur pied dès la pointe du jour. Jean se vêtit à la hâte, tandis que sa mère préparait le maigre repas du matin, le dernier, peut-être, qui serait pris en commun dans cette maison.

Au moment du départ, Jean se mit à genoux devant la veuve désolée, assise sur sa vieille chaise de bois ; lui prenant les deux mains, il lui dit, d'une voix pleine de tendresse et d'émotion :

— « Chère maman Queurine, j'ai apporté chez nous « le chagrin et la honte ! Vous allez, par ma faute, vivre « isolée. Vous aurez sans cesse la pensée que votre plus « jeune fils porte, au front, une tache d'infamie. Peut- « être, va-t-on se détourner de vous à cause de moi. « Au milieu des braves gens de la paroisse, qui n'ont « jamais failli, vous porterez, plus que moi, la peine, « le châtiment de mon crime ! J'ai attristé la vieillesse « de ma bonne et sainte mère. Je suis un mauvais fils ! « Mais, je vous en supplie, oubliez un peu mes torts et

« reprenez courage à la pensée que deux autres enfants
« vous restent, qui ne vous ont jamais fait rougir, au
« contraire, — qui vous aiment et qui font honneur à
« leurs vertueux parents. Et lorsque le souvenir dou-
«. loureux de votre Jean gonflera de larmes vos paupiè-
« res, n'ayez pour lui que de la pitié !

— « Je pars pour longtemps. Ma présence à Sorné-
« ville ne peut exciter que des sentiments pénibles. Il
« faut que des années se passent avant que j'y revienne.
« Vous reverrai-je encore en ce monde ? Dieu seul le
« sait ! Cette pensée est, pour moi, la plus pénible en ce
« moment. Je ne veux point vous quitter comme un
« maudit. N'est-il pas vrai que vous m'aimez toujours ?
« Répétez, avant que je commence mon exil, que vous
« me pardonnez la peine profonde que je vous ai faite.
« Répétez encore une fois, devant moi, l'expression de
« votre tendresse maternelle !

« Je ne puis m'éloigner de ce foyer de la famille sans
« avoir reçu votre bénédiction. Me la refuserez-vous ?
« Oh ! je vous en supplie, chère maman, bénissez votre
« dernier fils, votre malheureux Jean, qui vous aime
« et qui, cependant, vous a causé une grande peine.
« Il ne lui restera que le doux souvenir des joies, des
« vertus et de la paix dont il a été témoin pendant son
« enfance ! »

La pauvre Queurine dégagea ses mains de celles de
son fils, les étendit sur la tête du jeune homme, et, la
voix entrecoupée de sanglots :

— « Je te bénis, cher enfant, de tout mon cœur ! Que
« Dieu te garde et te conduise ! N'oublie jamais les
« enseignements chrétiens que nous t'avons donnés,
« ton père et moi. Fais toujours ton devoir comme un
« vrai Lorrain sait le faire. Je suis vieille ; je n'aurai
« peut-être plus le bonheur de te revoir sur cette terre
« de misère ; souviens-toi que les âmes pieuses se
« retrouvent au ciel. J'ai confiance que ton vertueux
« père, qui est maintenant devant Dieu, te dirigera
« dans tes voies, à partir d'aujourd'hui.

— « Merci, chère et bonne mère, dit Jean en se rele-
« vant. »

Puis il la serra quelques instants sur sa poitrine, prit
son petit paquet d'une main, son bâton de voyage de
l'autre, et s'en alla, par le jardin, vers Lunéville. A ce
moment, Joseph, venu pour l'accompagner un bout de
chemin, entra dans la maison, puis le rejoignit dans le
sentier de la Chardonne.

La veuve, hors d'état de les suivre, resta comme
anéantie sur sa chaise, et pleura longtemps, accablée de
peine. Dorénavant, elle allait vivre seule, sans amis,
ayant constamment l'esprit occupé du souvenir de ses
deux jeunes fils, si beaux et si vaillants !

Joseph habitait bien le village ; mais il était marié,
s'occupait de sa famille et de ses cultures, et ne pouvait,
que de loin en loin, venir près de sa mère pour calmer
la tristesse de ses vieux jours.

La Queurine était une femme forte, selon le langage
de l'Ecriture. Un nouveau et dernier sacrifice lui était
imposé par la Providence ; elle s'y soumit sans murmure,
humblement, pleine de foi et d'espérance. N'y aurait-il
pas des jours meilleurs ?

Jean, soutenu et encouragé par son aîné, s'en allait
tristement, se retournant parfois pour revoir encore le
berceau de son enfance, le village où il laissait tout ce
qu'il avait aimé. Joseph l'accompagna jusqu'à Hoéville,
lui fit ses adieux, lui souhaitant bon courage et lui
faisant remarquer qu'il ne serait pas seul à Lunéville,
puisqu'il allait y retrouver Anthoine. Puis ils se séparè-
rent.

La neige n'était pas entièrement fondue ; toutefois,
les chemins étaient praticables : la gelée avait durci les
ornières.

Les quatre à cinq lieues que Jean avait à faire le fati-
guèrent cependant beaucoup plus qu'à l'époque où il
avait fait le même voyage avec son cher Anthoine. Après
s'être arrêté une heure à Einville pour reprendre
haleine, il acheva son itinéraire et arriva, vers deux

heures après midi, à sa destination. Il passa le reste de cette journée avec Anthoine.

Le lendemain, il fut accepté au corps, et, l'engagement signé, il reçut les dix écus réglementaires. Trois jours plus tard, il était équipé et armé. Le capitaine de sa compagnie était le chevalier de Dambly.

XXIII

La Guerre de Sept ans.

UATORZE mois se sont écoulés depuis l'enrôlement du plus jeune fils Aubry. Nous
arrivons à la fin d'avril 1757.

Pendant cet intervalle, Anthoine est
devenu *sergent*, malgré les ordonnances
royales, qui ne permettent aux engagés d'obtenir
le grade de *bas officiers* qu'après six ans de
service. Mais sa conduite exemplaire, son instruction,
— qui est au-dessus de l'ordinaire, — son énergie et
son sang-froid, ont été, pour son avancement, autant
de motifs en faveur du privilège accordé.

Huit mois après son entrée au régiment, Jean était
anspessade.

Les fonctions de *sergent* étaient, à cette époque, très
enviées par les paysans qui entraient dans l'armée. Ils
n'avaient guère d'espoir de s'élever plus haut dans la
hiérarchie militaire. Ils aspiraient seulement à être
délivrés des corvées, très nombreuses, et surtout des
factions, plus nombreuses encore. En revanche, le
sergent était chargé de devoirs multiples. C'est sur lui
que reposaient, presque uniquement, la bonne tenue,
la discipline et la sécurité de la compagnie, qui ne
comptait que *deux* de ces bas officiers. Eux seuls
portaient la hallebarde.

Le sergent tenait un rôle du nombre des soldats, de
leur logement, qu'il visitait soir et matin, surtout après
que la retraite était battue. Il posait les corps de garde
et les sentinelles où le major l'avait prescrit, se rendait
tous les soirs à la place d'armes pour recevoir les ordres
du major ; — recevait en marche les vivres et les muni-
tions de la compagnie ; les donnait ensuite aux caporaux,
qui en faisant la distribution. Tout le détail roulait sur
lui. Il instruisait les recrues sur le maniement des
armes. Pusqu'il était l'âme de la compagnie ; on
ne pouvait, avec trop de précautions, faire choix de bons
sujets pour en exercer les fonctions. Un bon et habile
sergent était capable de tenir des emplois plus considé-
rables que le sien, en temps de guerre.

On les choisissait ordinairement de belle taille, forts
et vigoureux, vigilants et actifs, intelligents, expéri-
mentés, braves jusqu'à l'intrépidité, prudents, sages et
justes, — la parole et le ton de voix fermes. Ils devaient
avoir un air propre et inspirer le respect, sans qu'il y eût
de la brutalité ; — être exacts à tous leurs devoirs,
pleins de droiture et d'équité dans les comptes et, par
conséquent, sachant lire, écrire et calculer.

Le sergent devait même porter son attention à
empêcher les jurements, les discours licencieux. Il était
tenu de connaître à fond l'exercice et les évolutions,
d'avoir beaucoup de patience avec les nouvelles recrues.
Il n'était permis qu'aux sergents de grenadiers de porter
le fusil ; les autres n'avaient que la hallebarde. (1)

Le *bon sergent* était donc un *oiseau rare*.

Anthoine réunissait toutes les qualités exigées d'un
sergent. Il en remplit dignement le rôle. Avec sa hallebarde de 5 pieds, sa taille de 5 pieds 4 pouces, — la
taille était au minumum de 5 pieds 3 pouces dans
l'infanterie, avec son bel uniforme de Garde-Lorraine,
— il avait fort belle mine.

(1) Dictionnaire militaire de 1758, tome III, article : *Sergent.*

Le régiment ayant reçu l'ordre de se mettre en marche pour rejoindre, à Wezel, l'armée du maréchal d'Estrées, arrivait à Metz le 27 avril, et à Wezel, sur le Rhin, le 1er mai 1757.

La guerre de *Sept ans*, dont les résultats furent si désastreux pour la France, venait de commencer.

Louis XV avait promis 24.000 hommes à Marie-Thérèse d'Autriche, — épouse de François de Lorraine, — pour l'aider à soutenir la lutte qu'elle avait entreprise contre le roi Frédéric II, de Prusse.

Ces troupes promises avaient été rassemblées, en octobre 1756, près de la frontière nord-est, sous le commandement du prince de Soubise. Au printemps suivant, le maréchal d'Estrées avait formé une seconde armée, qui devait opérer en Westphalie. Une troisième avait reçu l'ordre de prendre position, un peu plus tard, sur le bas du Rhin, sous la direction du maréchal de Richelieu.

Deux compagnies des Gardes-Lorraines, dont celle d'Anthoine étaient restées à Lunéville pour le service du roi de Pologne. Anthoine, malgré son vif désir, n'avait donc pu suivre son frère.

Au camp de Wesel, les deux bataillons du régiment, moins les deux compagnies dont nous venons de parler, se réunirent à six autres bataillons d'infanterie, et s'établirent fortement sur la Lippe près de Münster, sous les ordres du prince de Beauvau, maréchal-de-camp.

Dès le 3 mai, une sortie eut lieu, — Gardes-Lorraines et chasseurs francs de Fischer. Jean Aubry y fit ses premières armes et s'y distingua.

Le 5 mai, d'Estrées rendait compte de cette affaire au ministre de la guerre.

« Les chasseurs de Fischer, écrivait-il, et une com-
« pagnie des Gardes-Lorraines, se sont rejoints en
« allant à la découverte en avant de Warendorff. Ils
« furent bientôt en présence de deux escadrons hano-
« vriens. Le combat s'est engagé entre les cavaliers.

« Les *Fischer* en ont tué 30 à 40, fait 10 prisonniers,
« dont un officier blessé. Le détachement français était
« commandé par les officiers *Guerdan, Cléry, Martin.*
« Ce dernier a été légèrement blessé ·à la jambe. La
« troupe s'est conduite avec intelligence et valeur. »

Un peu en arrière, se trouvait un détachement
d'infanterie hanovrienne qui fut attaqué par les Gardes-
Lorraines. Plusieurs ennemis furent tués ou blessés. Le
caporal Aubry, plein d'ardeur, combattait avec son
escouade au premier rang. Dans la chaleur de l'action,
il saisit la hallebarde d'un sergent, le blessa grièvement
de sa pique et le fit prisonnier.

L'infanterie ennemie rallia les cavaliers fuyards ; et,
comme la nuit approchait, le combat prit fin.

Quelques jours après, Jean Aubry recevait, avec les
éloges de son capitaine, l'assurance d'échanger bientôt
sa pique contre une hallebarde et un fusil.

Au début de la guerre de *Sept ans*, la pique — arme
très ancienne, commençait à être abandonnée comme
insuffisante. On la remplaça, peu à peu, à partir de cette
époque, par le fusil muni de la bayonnette.

Jean Aubry prenait goût au métier des armes. Il
avait plus de confiance en lui-même de jour en jour.
Les fréquents rapports que son grade l'obligeait d'entretenir avec les officiers de sa compagnie le remontaient
dans sa propre estime. Mais, au milieu des camps aussi
bien que dans son humble village, il restait bon chrétien
et ne négligeait aucune des pratiques religieuses que sa
situation lui permettait d'accomplir. Il s'entretenait
souvent avec l'aumônier de son régiment, et en était
fort estimé.

La plus grande partie des troupes françaises réunies
au camp de Wezel se mirent en marche vers l'est. Le
prince de Beauvau, avec son infanterie, quitta les bords
de la Lippe pour se rapprocher du Weser, où s'étaient
arrêtées les armées coalisées des Hanovriens et des
Anglais, sous le commandement du duc de Cumberland.

Une bataille eut lieu à Hastenbek, où les ennemis furent complètement battus.

Jean cherchait toutes les occasions de racheter sa faute et d'échapper aux remords qui ne lui laissaient aucun repos. Il offrait sans cesse sa vie pour expier. Intrépide, audacieux, bravant la mort, il était toujours en avant pour entraîner ses hommes.

Après Hastenbek, il fallut combler les vides faits dans les cadres ; et, comme le lui avait annoncé son capitaine, Jean fut promu sergent dans la compagnie de grenadiers de son bataillon.

Le duc de Richelieu, qui venait de remonter le Rhin avec une nouvelle armée, remplaça le maréchal d'Estrées dans le commandement supérieur des troupes. Il pousssa Cumberland vers les marais qui s'étendent au voisinage de l'embouchure de l'Elbe, et fit la conquête du Hanovre en quelques mois. Il avait forcé le camp des Hanovriens le 31 août 1757, entre Rothenburg et Ottenberg.

Le 3 septembre suivant, l'armée de Cumberland, campée à Eversen, est attaquée par tous les grenadiers des régiments français. Un nouveau combat a lieu, le lendemain, à Bévern. Les Gardes-Lorraines participent encore à deux autres opérations importantes, — en janvier 1758 — sous le commandement supérieur du duc de Broglie :

Le 10 janvier, à onze heures du soir, le jeune colonel de Beauvau, à la tête d'un détachement de 400 hommes, dont les deux compagnies de grenadiers de son régiment forment l'élite, attaque le village de Ridderhude, à une demi-lieue de son cantonnement de Burgdam, et occupé dans la journée même par les Hanovriens. Il pousse jusqu'à leurs réserves, en leur infligeant des pertes bien supérieures aux siennes.

Le 16 janvier, le duc de Broglie occupe Brême, moitié de gré, moitié de force. La veille au soir, pendant qu'il envoie sommation aux magistrats de la ville, le duc fait avancer les régiments de *Cambrésis*, de

Bentheim, d'Alsace et des *Gardes-Lorraines*, avec leurs canons en avant des troupes. Il en place un devant chacune des portes de la ville, avec ordre de préparer échelles, planches, poutrelles, et de se mettre en état de jeter des ponts sur la glace des fossés, pour les franchir si les bourgeois essayent de résister.

Le plan du chef est bien exécuté, et il pénètre, le lendemain, avec seulement trois compagnies de grenadiers, jusqu'au centre de la ville, dont il devient maître. En tête, marchent crânement les Gardes-Lorraines précédés de leur canon, et les grenades en main.

Le 24 janvier suivant, ces derniers partent de Brême pour Hoya, petite ville à cheval sur le Weser, mais bâtie, en grande partie, sur la rive gauche. Par malheur, le colonel de Beauvau est obligé de quitter le corps en ce moment.

On trouve les motifs de son départ dans sa lettre au ministre de la guerre, en date du 7 juin de la même année : fatigues excessives de la campagne de 1757 et celle de 1758 ; vue très affaiblie. Car, en effet, depuis plusieurs mois, il est forcé de faire tenir et conduire son cheval dès que le jour baisse. Il craint de perdre la vue.

XXIV

Combat de Hoya

LE bourg de Hoya fut bientôt occupé par les deux bataillons de Gardes-Lorraines, — environ 600 hommes, — par deux compagnies de grenadiers et deux piquets du régiment de *Bretagne*, — et enfin par 100 dragons de *Mestre-de-camp général*. Il y avait aussi une faible portion du régiment d'*Harcourt*. Le tout était sous les ordres du brigadier comte de Chabo, colonel des *Volontaires royaux*, et Grand-Louvetier de Lorraine. Nous avons déjà parlé de cet officier, d'un rare mérite.

Le poste de Hoya dépendait, en ce moment, du commandement supérieur du comte de St-Germain, qui, plus tard, devint ministre de la guerre.

Avant d'envoyer des troupes pour maintenir ce poste, de St-Germain avait fait diriger les éclopés et les malades sur Osnabrück. Les Français étaient suivis par un gros corps de troupes légères et de cavalerie, ce qui fut cause de la perte de presque tous les équipages : on sacrifia ce matériel pour sauver les troupes du roi. Les dragons envoyés en avant étaient dans le plus complet dénuement : ni armes, ni bottes, ni selles. Les chemins étaient tellement mauvais, que l'on était obligé de mettre au moins dix heures pour faire quatre à cinq lieues.

M. de Chabo arriva le 20 février 1758 dans la place de Hoya, qu'il devait occuper et maintenir, afin que la route demeurât libre du côté de Wesel, Thionville et la France.

Dès le premier jour, il put constater, avec douleur, qu'aucune disposition n'avait été prise auparavant pour aider à la défense de ce poste important.

L'hôpital et les magasins de provisions étaient sur la rive droite du fleuve, c'est-à-dire du côté où l'ennemi devait nécessairement déboucher. Il s'empressa de faire évacuer et transporter tout sur la rive gauche, afin d'être mieux à l'abri d'une surprise.

Aussitôt q'il se fut mis en garde contre ce premier danger, il donna l'ordre aux régiments *d'Harcourt* et de *Mestre-de-Camp*, de faire d'incessantes patrouilles sur les deux rives du Wéser. Mais, à gauche, le fleuve débordé élargissait son lit et répandait ses eaux boueuses au-delà du bourg, sur une longue étendue ; de sorte que les patrouilles étaient forcées de faire de grands détours et ne pouvaient rendre tous les services qu'exigeait la sécurité de la garnison française. Une digue d'une demi-lieue, le long du Weser protégeait les terrains inférieurs. C'est au bout de cette digue que le débordement envahissait les campagnes.

Brunswick avait fait passer le Weser, la nuit, à une partie de ses troupes, à Barmen, au moyen de radeaux, dans le plus grand silence. Elles étaient arrivées sur la rive gauche sans que les patrouilles s'en fussent aperçues. L'autre partie était restée sur la rive droite pour donner le change sur les intentions du général ennemi.

Cependant, une patrouille de dragons eut une escarmouche avec des soldats allemands sur la rive gauche ; mais elle eut le tort fort grave de ne point donner l'éveil, de n'avertir personne, croyant avoir eu affaire seulement à quelques éclaireurs. Si les cavaliers français avaient pris la peine de monter sur la digue, et de la suivre un certain temps, ils auraient pu apercevoir les Hanovriens, et donner l'alarme. C'est donc par la négligence et l'indiscipline de ces dragons que le commandant des troupes françaises allait être surpris et que l'affaire devait avoir un résultat funeste.

Le 23 février, à midi, une autre patrouille fut enlevée. Les hommes qui échappèrent à l'embuscade avertirent leurs chefs de l'approche des Hanovriens sur la rive droite.

Chabo alla reconnaître la situation, et il y eut un engagement très vif. Il fit tirer le canon des Gardes-Lorraines. Les ennemis y répondirent par le feu de huit pièces qu'ils avaient d'abord dissimulées. Ne pouvant lutter avec avantage contre des forces sensiblement supérieures aux siennes, il fit battre en retraite afin d'avoir le temps d'achever l'évacuation sur la rive gauche. C'est ce qui fut rapidement exécuté. Alors il fit planter une forte palissade à la naissance du pont, qu'il n'eut pas le temps de couper. Les grenadiers furent chargés de garder le passage, à l'abri de la palissade, aussi longtemps qu'ils le pouvaient.

Vers six heures du soir, une colonne de quatre bataillons commandés par le jeune duc de Brunswick lui-même, attaqua les postes de la rive gauche : c'étaient les Hanovriens qui avaient traversé le fleuve la nuit précédente.

Pris à l'improviste, le général de Chabo ne perdit pas son sang froid. Il porta immédiatement à leur rencontre quatre compagnies de grenadiers. Ceux-ci, lançant leurs grenades au milieu des Allemands, jetèrent le trouble dans leurs rangs et parvinrent à les repousser, assez loin du bourg, par trois fois, la bayonnette dans les reins.

En même temps, quelques compagnies avaient été obligées de passer sur la rive droite, où le reste des troupes de Brunswick opérait une contre-attaque.

Il y eut un moment d'hésitation parmi ceux des Allemands qui étaient sur la rive gauche. Les nôtres,

bataillant à outrance de ce côté, le commandant
Gourmond passa au travers des troupes hanovriennes,
combattit encore une heure et, par une marche rapide,
croyant tout perdu, parvint à Nienberg avec 18 officiers,
3 drapeaux d'ordonnance et 109 hommes des Gardes-
Lorraines.

Sur la droite, Chabo avait attiré sur lui et ses quelques compagnies les principaux efforts des Hanovriens,
les avait repoussés assez loin de la place, puis était
revenu au secours de ceux de ses combattants qui
étaient sur le point de se faire écraser sur la rive gauche. Les grenadiers tenaient toujours à la tête du pont,
derrière la palissade. Mais leur nombre diminuait de
minute en minute. C'est là que Jean Aubry, et l'autre
sergent de grenadiers de son bataillon, combattaient
côte à côte, en avant de leur compagnie.

Sans chapeau, les cheveux au vent, ne reculant pas
d'une semelle, se protégeant mutuellement, encoura-
geant leurs soldats et leur donnant l'exemple d'une
bravoure sans égale, les deux bas officiers étaient de
vrais lions. Ils oubliaient le danger en pensant à la
France, faisant mordre la poussière à tous les assail-
lants que poussaient les derniers rangs vers la palissade.

Le comte de Chabo ne put s'empêcher, les apercevant en face d'un groupe nombreux d'ennemis qui
allait les entourer, de crier aux deux intrépides :
« Repliez-vous, sergents ! Vous allez être enveloppés !
Vous êtes seuls ! »

Et, en effet, les deux compagnies de grenadiers des
Gardes-Lorraines ne comptaient plus ensemble que 15
combattants !

Pendant la chaleur de l'action, Jean Aubry n'avait
pas pris le temps de compter ses hommes, dont la plupart étaient tombés sous les coups des Allemands. Ses
regards ne se portaient qu'en avant, vers les brèches
faites à la palissade, où il accourait avec quelques
soldats pour imposer intrépidement son corps en guise
de rempart contre les piques des ennemis.

Jean avait reçu plusieurs blessures. Il était couvert de sang, l'uniforme déchiré, nu-tête. Mais, la bayonnette toujours en avant, il semblait ne pas s'apercevoir de ses blessures. On aurait pu le comparer aux héros antiques.

M. de Chabo fit replier le reste de ses troupes en bon ordre jusqu'aux ruines d'un vieux château, vraie masure servant de magasin à fourrages, et à laquelle aboutissait la palissade plantée la veille. Il y tint encore deux heures. Et cependant, cette ruine, ouverte de tous les côtés, ne lui offrait pas le plus mince abri contre les coups des huit pièces de canon de Brunswick.

Dix bataillons ennemis, soutenus par neuf escadrons de cavalerie, se ruaient avec rage contre les Français. Les Gardes-Lorraines soutinrent le choc avec vaillance, combattirent avec acharnement. Mais que peut le courage contre le nombre, — et deux pièces de canon contre huit ?

Après ce combat héroïque, du beau régiment qui, un mois auparavant, comptait 1230 hommes, dont 81 officiers, il ne restait plus, — excepté ceux que Gourmond avait dirigés sur Nienbourg, et 385 soldats dans les hôpitaux d'Osnabrück — que 138 combattants. Quatre officiers avaient été tués, parmi lesquels le chevalier de *Méniclaise*, lieutenant-colonel ; 23 faits prisonniers, dont 18 blessés. Des deux compagnies de grenadiers, l'une était réduite à 8 hommes ; l'autre, celle de Jean Aubry, à 7 hommes. Il y avait eu environ 300 soldats tués ou blessés à Hoya, pour les Gardes-Lorraines seulement.

Les compagnies étaient à peu près totalement ruinées par la mort ou la disparition de la plupart de leurs hommes.

Tout vaillant homme de guerre qu'il se fût montré en cette occasion, le comte de Chabo, écrasé par la supériorité du nombre de ses ennemis et par leur

artillerie, fut obligé de capituler. Les Hanovriens
reprirent le bourg de Hoya, et le canon des Gardes-
Lorraines resta entre leurs mains.

Jean Aubry, criblé de blessures faites à l'arme blanche, défaillant par suite de la perte du sang qui s'en
échappait, avait été relevé derrière la palissade et fait
prisonnier par les soldats de Brunswick. Comme les
autres prisonniers, il fut emmené à Minden.

Ses blessures, quoique graves, n'étaient pas mortel-
les. Un mois après, il entrait en convalescence, heureux
d'avoir fait son devoir, fier de l'admiration que son
général lui avait témoigné pendant le combat.

Le comte de Chabo, lui aussi, s'était héroïquement
défendu. Ses habits avaient été criblés de coups. Ses
valets étaient mort à ses côtés, en défendant leur intrépide et excellent maître.

Lorsque Louis XV eut pris connaissance de ce qui
s'était passé à Hoya, il fit savoir au général malheureux
qu'il avait été très content de la bravoure avec laquelle
ce dernier s'était comporté en cette affaire ; il lui fit
donner l'assurance qu'il lui témoignerait, dans un bref
délai, des marques distinguées de sa satisfaction.

Pour traiter des conditions de la capitulation, Chabo
envoya le chevalier de Lemps, lieutenant-colonel du
régiment de Bretagne, près du duc de Brunswick.

— « Je vous déclare, dit d'abord le général ennemi,
« que je veux Chabo comme prisonnier de guerre, ou,
« au moins, qu'il donne sa parole de ne pas servir à la
« guerre pendant un an.

— « Notre vaillant chef, répondit le chevalier de
« Lemps, — et tous les officiers sont d'accord sur ce
« point — aime mieux être emporté d'assaut que de
« subir ces conditions ».

Après quelques instants de réflexion, Brunswick répliqua·:

— « Je connais le brave de Chabo. Il nous a battus à
« Billefeld, cette campagne, et à plusieurs autres
« affaires. Il le ferait tout comme il le dit. Je ne veux
« pas le voir périr avec tous ses braves soldats et per-
« dre beaucoup des miens. Il a déjà mon estime ; je
« veux qu'il ait mon amitié et avoir la sienne. Je lui
« accorde tout ce qu'il voudra, à l'exception du canon
« des Gardes-Lorraines, et des prisonniers faits pen-
« dant l'action. »

La capitulation fut honorable pour la garnison
française et pour son chef. En voici les principaux
termes :

« Entre S. A. Sérénissime le prince héréditaire de
« Brunswick et Lunebourg, d'un côté ; et, de l'autre,
« le comte de Chabo, brigadier des armées du roy,
« commandant le corps des Volontaires royaux, Grand-
« Louvetier de Lorraine et de Bar...

« 1º La garnison sortira avec les honneurs de la
« guerre et les bagages des officiers ;

« 2º Qu'après la signature de la présente, elle se
« rendra tout de suite à la destination qu'elle jugera
« à propos, et il ne sera commis aucun acte d'hostilité
« de part et d'autre, qu'elle ne soit rendue à sa rési-
« dence ;

« 3º M. le comte de Chabo engage sa parole d'hon-
« neur de faire remettre les canons et toutes les muni-
« tions de guerre et de bouche, et tous les effets
« appartenant au roy, dont un officier sera chargé de
« remettre les états et tous renseignements, à S. A. Séré-
« nissime ;

« 4° Tous les prisonniers faits pendant l'action, tant
« officiers que communs, seront traités comme tels ;
« mais tous les aumôniers, chirurgiens et valets d'offi-
« ciers seront relâchés.

« Fait à Hoya le 23 février 1758, à 9 heures du soir.

Suivaient les signatures des deux chefs.

XXV

Après le combat de Hoya

ES restes du régiment des Gardes-Lorraines furent réunis à Nienbourg, sur la rive droite du Weser, à moitié chemin de Hoya et de Minden, aux quelques troupes que le commandant Gourmond avait sauvées. C'est ce dernier qui écrivit, peu après, le récit de cette journée, jusqu'au moment où il s'était séparé du corps principal.

A partir du 1er mars suivant, M. de Saillard, aide-major (1) au même régiment, fit savoir à M. de Cornillon, ministre de la guerre, qu'il restait des Gardes-Lorraines, à cette date, savoir :

« 6 capitaines en premier et deux capitaines en second ;

« 2 aides-majors ; 8 lieutenants ; 7 sergents ;

« 102 hommes valides ; — 3 drapeaux d'ordonnance « ou de compagnie. »

---

(1) Les fonctions de *l'aide-major* consistaient à aider ou suppléer le *Major* dans tous les détails du service de ce dernier. Il y avait un *aide-major* par bataillon d'infanterie, et un seulement par régiment de cavalerie.

Ils *roulaient* avec les lieutenants, c'est-à-dire avaient un *grade équivalent*.

(Voir les ordonnances des 2 juillet et des 20 décembre 1719.)

Dans une relation envoyée au même ministre, le comte de Chabo fit l'éloge des officiers et des bas officiers, et surtout, parmi ces derniers, de Jean Aubry, sergent de grenadiers aux Gardes-Lorraines. Il demandait, pour ses vaillants compagnons d'armes, des marques de la bienveillance du roi, insistant, d'une façon particulière, sur la conduite héroïque, du commandant de bataillon Le Groing, et du capitaine Chevalier de Dambley.

Gourmond, avec ses troupes de Niemberg, se trouva encore à l'affaire de Minden. Après la reprise de cette place par les Allemands, la plupart de ses hommes sont internés à Hanovre.

Les prisonniers français arrivèrent dans la place de Minden aussitôt après que l'ennemi s'en fut rendu maître. Parmi ces prisonniers, se trouvaient beaucoup de Gardes-Lorraines. Jean Aubry y était compris.

Quelque temps après, ces internés firent preuve d'une audace inouïe. Ils résolurent de tenter une évasion en masse. Ceux qui conçurent, ourdirent et firent réussir ce coup de main perilleux, étaient deux bas-officiers dont l'intrépidité était connue de tous. Le boute-entrain était un certain *La Jeunesse*, caporal au régiment du Lyonnois, qui fut discrètement et énergiquement secondé par le sergent Aubry, toujours prêt à payer de sa personne quand il s'agissait du salut commun.

Le mot d'ordre était donné, l'heure fixée, tous les prisonniers décidés à sacrifier leur vie plutôt que de rester sous la garde des Hanovriens. Les conjurés étaient au nombre de plus de 1500. Pour se faire passage et sortir de la ville par une nuit sombre, ils égorgèrent deux postes ennemis, chacun de 50 hommes, au moins.

Une fois libres, les évadés se dirigèrent sur Wesel, qui était encore entre nos mains. Ils y parvinrent après avoir surmonté une foule d'obstacles ; désormais ils étaient hors de danger.

Les Gardes-Lorraines internés à Hanovre furent dirigés sur Osnabrück et remis sous le commandement de St-Germain. Le régiment, qu'il fallait reconstituer, reçut ensuite l'ordre de se rendre à Thionville, où il devait arriver le 15 juin, pour, delà, continuer jusqu'à Nancy, sa destination.

C'est dans cette dernière ville qu'il devait se réorganiser, compléter ses cadres, refaire ses compagnies, par un recrutement rapide.

D'Osnabrück, ces débris se rendirent à Munster, en traversant la forêt de Teutberg et l'Ems, — puis à Wesel. A partir delà, ils suivirent la rive droite du Rhin, qu'ils traversèrent à Cologne, arrivèrent à Coblentz, puis suivirent la vallée de la Moselle. Après s'être arrêtés deux jours à Trèves, ils parvinrent enfin à Thionville dans la soirée du 14 juin.

Jean Aubry, avec ceux de son régiment qui s'étaient évadés de Minden, arriva dans cette première ville française quelques jours après la colonne principale. Il fut reçu avec enthousiasme par les quelques hommes qui restaient de sa compagnie de grenadiers. On lui fit une ovation chaleureuse.

Ses blessures étaient à peu près cicatrisées.

Enfin, vers la St-Jean de cette même année, les épaves de ce beau régiment rentrèrent à Nancy. Il fallait beaucoup de temps pour le remettre sur le pied de guerre ; c'est ce qui l'empêcha de prendre part à de nouvelles opérations en Allemagne.

Les habitants de la belle capitale du duché de Lorraine revirent, avec plaisir, les drapeaux d'ordonnance de la Garde de Stanislas flotter sur la caserne Ste-Catherine, récemment construite par ordre du roi de Pologne. Ces drapeaux étaient aux couleurs de l'antique petite nation : *deux quartiers jaunes* et *deux quartiers noirs opposés, une couronne ducale au centre de la croix, et cinq aiglons noirs dans les branches de couleur jaune.*

Les Gardes-Lorraines tinrent garnison à Nancy pendant six ans, — de 1758 à 1764, — époque où ils rentrèrent au complet à Lunéville.

Jean Aubry brûlait du désir de revoir sa mère et ses frères ; mais il n'osa point retourner à Sornéville. Il obtint, dès les premiers jours de son arrivée à Nancy, un congé de convalescence d'un mois, qu'il alla passer près d'Anthoine, à Lunéville.

Anthoine lui avait procuré la plus cordiale hospitalité chez une parente, cousine de leur père, veuve, âgée et sans enfants, qui avait été domestique dans une famille noble, où son mari était lui-même valet de chambre. Elle vivait honnêtement, même avec aisance, des économies réalisées par les deux époux pendant plus de quarante années de dévoués services.

La cousine accueillit Jean, qu'elle connaissait déjà, avec bonté, et voulut le soigner comme un fils, afin qu'il fût, au plus tôt, radicalement guéri de ses blessures.

Les deux frères — sergents l'un et l'autre — se revirent avec joie et passèrent ensemble tout le temps que le service d'Anthoine laissait libre. Ils firent venir leur mère, ainsi que Joseph. La Queurine passa deux jours chez la cousine avec ses trois fils. Elle ne pouvait se lasser de contempler son dernier-né, qui avait fière mine dans son bel uniforme de sergent de grenadiers.

Jean Aubry devait porter la hallebarde jusqu'en 1762, c'est-à-dire pendant cinq ans.

Aussitôt que son congé de convalescence fut expiré, il reprit son service à Nancy, et fut absorbé par les opérations du recrutement de sa compagnie. Les enrôlements volontaires se faisaient rares, à cause des mauvaises nouvelles que l'on recevait du théâtre de la guerre. Heureux sous l'administration paternelle de Stanislas, les paysans préféraient les travaux des champs ou de l'atelier, aux hasards d'une lutte où presque toutes nos armées, médiocrement commandées, reculaient devant un ennemi plus nombreux, mieux organisé et combattant sur son propre sol.

Notre sergent n'écrivait jamais directement à Sornéville. C'est à Anthoine que toujours il s'adressait lorsqu'il voulait donner de ses nouvelles à sa mère et à ses frères, ou qu'il désirait en recevoir.

Jusqu'en 1762, il s'abstint de reparaître dans son village ; et, cette année-là même, il renouvela son engagement militaire pour une nouvelle période de six ans. Sur les assurances réitérées que lui avait fait parvenir M. de Chabo, il comptait toujours obtenir l'avancement qui lui avait été promis. Il n'y avait, d'ailleurs, pas de temps perdu.

On voyageait très peu, à cette époque. Les relations entre la ville et la campagne étaient presque nulles. En quatre années de séjour à Nancy, Jean n'y avait jamais rencontré personne de son village. Malgré de secrets désirs, c'est ce qu'il croyait être le meilleur moyen de se faire oublier de ses concitoyens.

Quant à Anthoine, libre de son engagement à la fin de 1759, il était rentré près de sa mère, au grand regret de ses chefs et de ses premiers protecteurs. Mais ceux-ci n'étaient plus près de lui. M. de Bréhant-Bihy ayant perdu la comtesse, sa mère, avait cédé sa compagnie, résigné sa charge de chambellan, et s'en était retourné en Bretagne. M. de Chabo ne faisait plus que de rares apparitions à Lunéville, le temps seulement de rendre ses devoirs au roi de Pologne.

Mécontent d'avoir été maintenu en garnison avec sa compagnie, au lieu d'aller, comme son frère, combattre les Allemands, Anthoine s'était dégoûté peu à peu du service militaire, où il lui était désormais interdit de songer à l'avancement qu'il avait rêvé.

Pendant ses six années de présence au corps, il avait fait très souvent, le dimanche, le trajet de Lunéville à Sornéville, où il jouissait de l'estime générale. Et ce qui le prouve, c'est que, de 1753, année de son incorporation aux Gardes-Lorraines, à 1761, environ dix-huit mois après sa libération, il avait été choisi *dix fois*, par les notables du village, pour assister, comme parrain, au baptême de leurs enfants.

Rentré au foyer de famille, il renonça au rôle de serviteur à gages et se fit cultivateur, comme son frère Joseph. Après avoir été, pendant six ans, soumis à la forte discipline militaire, il voulut vivre de l'indépendance presqu'absolue du laboureur.

Trois ans plus tard, par l'entremise et les relations de son ancien maître, le chevalier de Baudouin, il devint amodiateur à Lucy, puis à Viviers, deux communes des environs de Delme, en Lorraine.

A partir de cette époque, nous le perdons à peu près de vue. Etabli à cinq ou six lieues de sa paroisse natale, il y vint de loin en loin, passer un jour ou deux près de sa mère et de son frère aîné.

Anthoine mourut à Viviers le 10 décembre 1808. Il était maire de cette localité depuis longtemps, et laissa un fils, Placide, dont les descendants vivent encore à Delme et aux environs.

Nous ne parlerons pas davantage de Joseph Aubry, décédé laboureur à Sornéville le 8 décembre 1788 à l'âge de 64 ans.

Il nous reste à suivre Jean dans sa carrière.

XXVI

Jean Aubry devient officier

NFIN, en décemble 1763, les démarches du comte de Chabo et les rapports envoyés depuis 1758, au ministère de la guerre, furent couronnés de succès. Jean fut promu *Sous-lieutenant* dans la compagnie de grenadiers de son bataillon.

Aussitôt qu'il fut en possession de sa commission d'officier, il en informa la mère Queurine. La bonne femme avait alors 72 ans ; elle fut dans la joie de son cœur et annonça cette agréable nouvelle aux gens du village, après en avoir d'abord fait part à ses fils aînés, à messire de Baudouin et à dame Françoise.

La veuve Aubry répétait à chacun :

— « Ah ! si mon pauvre Jacques, qui est devant « Dieu (1), n'avait pas quitté sitôt ce monde, quel « bonheur il éprouverait de voir son plus jeune fils « *officier* ! Et notre vénéré seigneur, et notre charitable « Dame, qu'ils sont contents ! Car ils ont toujours eu « beaucoup d'affection pour mes garçons. Ce sont nos

_____

(1) Expression généralement usitée en Lorraine pour les défunts dont on parle.

« chers maîtres qui ont décidé de l'avenir de mon Jean,
« après sa faute. »

En raison de son âge, la mère Aubry était possédée
du violent désir de revoir son fils dans son brillant
uniforme. Elle avait craint de mourir avant que Jean
fût réhabilité près des gens du village. Et voilà que
celui qui avait autrefois scandalisé la paroisse l'honorait
aujourd'hui grandement, par la distinction, très rare
parmi les roturiers, dont il venait d'être l'objet. Aux
yeux de la bonne femme, la faute de son enfant était
dignement réparée.

Malgré les supplications de sa mère et les pressantes
sollicitations de ses frères, Jean persista néanmoins à
différer encore sa réapparition à Sornéville. Il pensait
que huit années d'absence n'étaient point un laps de
temps suffisant pour calmer complétement les esprits.
Le mouvement de colère auquel il avait cédé continuait
à lui causer de cuisants regrets. Et, cependant, il aimait
ardemment sa famille, son village, ses compatriotes.
Dans ses rêves, il revoyait fréquemment le vieux
manoir seigneurial et la petite église, les chaumières et
les vergers, la campagne environnante et les vieux poiriers disséminés sur le territoire. Dans ses veilles, il
arrêtait souvent sa pensée sur les honnêtes habitants
qui lui avaient témoigné la plus franche affection au
temps où sa conscience était en repos. Mais ces instants bien doux étaient de courte durée. Il se reprochait
ensuite la profonde et passagère satisfaction dont il
venait de jouir, ne se croyant pas encore digne d'en
éprouver la douceur. La voix qu'il avait autrefois
entendue lui répétait souvent, comme à Isaac Laquedem : « Marche ! marche ! »

Et il s'en allait, dans la vie monotone de garnison,
comme une chose inconsciente se laisse aller à la
dérive.

Le calme, toutefois, lui revenait peu à peu. Les
remords s'affaiblissaient après plus de huit années de
tortures morales. Ayant offert, au Souverain Juge, sur

les champs de bataille, sa vie pour racheter son crime, pour le salut des siens et l'honneur de la Lorraine, — honneur qu'il pensait avoir terni — il jugeait avoir maintenant quelques titres à l'indulgence et à l'oubli.

D'ailleurs, Catherine Prédelot ne l'attendait plus. Pendant six ans, la bonne fille était restée fidèle à son fiancé, espérant toujours qu'à l'expiration de son engagement il reviendrait au village, où sa faute était oubliée, — reprendrait ses occupations d'autrefois et obtiendrait enfin un poste de *régent d'école.*

Elle fut patiente et résignée, opposant respectueusement, mais fermement, aux conseils de ses parents, sa détermination bien arrêtée d'attendre le retour de celui à qui elle avait donné son cœur.

Lorsqu'elle apprit que Jean avait repris du service pour une nouvelle période de six ans, qu'il s'obstinait à ne point reparaître à Sornéville, la pauvre Catherine se crut définitivement abandonnée d'Aubry. Elle céda enfin aux instances du père et de la mère Prédelot, et accepta la main d'un brave garçon de la paroisse, dont la conduite avait été toujours exemplaire.

Jean Aubry apprit la conclusion de ce mariage par son frère Anthoine ; il en conçut un grand chagrin, sans en rien laisser paraître. Après tout, n'était-ce pas lui qui l'avait ainsi voulu ? Il fit, en secret, des vœux pour le bonheur de Catherine, se disant qu'après avoir attendu longtemps, mais en vain, le retour de son fiancé, elle méritait d'être récompensée de sa constance.

En mars 1765, quatre mois après la promotion de Jean au grade de sous-lieutenant, le régiment des Gardes-Lorraines reçut l'ordre de reprendre son service auprès du roi Stanislas, et rentra à Lunéville.

Notre officier n'avait pas revu son village depuis 1756, date de son premier enrôlement : il y avait de cela neuf ans. Cédant enfin aux sollicitations de sa bonne vieille mère et de ses frères ; ne redoutant plus une rencontre avec Catherine Prédelot, mariée depuis deux ans, il se décida enfin à demander un congé de quinze jours. Les vœux de sa famille étaient d'accord avec ses propres sentiments, trop longtemps comprimés.

On était au 14 août, veille de la première Notre-Dame, lorsqu'il obtint l'autorisation de s'absenter.

Depuis son retour à Lunéville, il avait vu plusieurs fois le jeune Denis-Pierre de Baudouin, page de Sa Majesté le roi de Pologne, et c'est en compagnie du jeune page qu'il revint à Sornéville, après une si longue absence.

Le fils du seigneur devait passer en famille la fête de l'Assomption ; il offrit à Jean Aubry une place dans son carrosse. Gentilhomme et paysan firent ensemble la route. Partant de Lunéville vers trois heures après midi, ils n'arrivèrent à Sornéville qu'à neuf heures : il leur avait fallu six heures pour faire moins de cinq lieues, qu'ils auraient mis quatre heures à faire à pied. Jean aurait préféré s'en aller seul à travers le pays. Mais il se trouvait trop honoré de la proposition gracieuse du jeune page pour oser la refuser. A cette époque, les lourds carosses de la noblesse avançaient lentement et péniblement dans des chemins mal entretenus, creusés de fondrières, encombrés de pierres éparses que l'on y jetait des champs voisins.

La Queurine avait été prévenue de l'heure probable où son fils devait arriver, et dès huit heures elle se tenait sur le seuil de sa porte, entourée de quelques voisines, — commères aussi curieuses que sympathiques. Son attente fut longue. En descendant de voiture devant le château, le jeune officier y entra. En vassal bien élevé et reconnaissant, il tenait à remercier son obligeant compagnon, et à présenter ses devoirs à messire de Baudouin et à dame Françoise de Rutant, avant de se rendre près de sa mère.

Lorsqu'il descendit ensuite la grand'rue, les paysans qu'il rencontra se découvrirent respectueusement pour le saluer ; quelques-uns lui tendirent affectueusement la main. Jean, tout confus, put se convaincre qu'on ne tenait plus aucun compte de son escapade, qu'elle était oubliée, qu'il n'y avait plus, pour lui, dans la paroisse, que des amis.

Les actes de bravoure qu'il avait accomplis en Allemagne, pendant la guerre qui venait de se terminer, pour la France, par un traité des plus onéreux, avaient été contés au chevalier de Baudouin par son fils, qui en tenait les détails de la bouche même du comte de Chabo. Le Commissaire des Guerres éprouva un véritable plaisir à en faire le récit aux laboureurs de son domaine. Donc, pas un seul habitant de Sornéville ne les ignorait. Pour ces bons et naïfs paysans, Aubry était un héros légendaire. Il existait si peu de rapports entre la campagne et les villes que tout ce qui se passait de remarquable au loin prenait quelquefois les proportions du merveilleux.

Le lendemain, fête de l'Assomption, lorsque Jean entra dans l'église pour entendre la grand'messe, dame Françoise l'aperçut tenant au bras sa vieille mère. Elle leur fit signe de s'approcher et leur donna place, à tous deux, dans le banc seigneurial. Jamais la Queurine n'avait reçu pareil honneur !

· Le congé de Jean Aubry se passa d'une façon très agréable. Sur l'invitation pressante qui lui en fut faite, il prit part aux grandes chasses que le seigneur offrait à ses amis, dans les bois banaux. Il eut le plaisir d'y rencontrer messire de Cœur de Roy, gendre du chevalier de Baudouin, — et la gentille et douce Renée de Baudouin, de Pleneuf, femme du magistrat, qui lui fit le plus aimable accueil. Pas un seul témoignage d'affection de la part des gens du château et des anciens, de respect et d'admiration de la part des jeunes gens de la paroisse, ne lui fut épargné pendant cette quinzaine.

Jean Joseph se sentit revivre, reprit pleine confiance en l'avenir et put se croire tout à fait réhabilité dans l'esprit de ses concitoyens. Une ombre, cependant, obscurcissait encore l'horizon de ses espérances. Pas une seule fois il n'entrevit sa Catherine tant aimée. Par une discrète et pudique réserve ; la jeune femme évita de se montrer. Mariée, elle devait se dévouer à l'époux qu'elle avait accepté de son plein gré. Elle sut tenir son rôle, remplir loyalement son devoir, et maîtriser l'ardeur des sentiments d'autrefois.

Aubry repartit pour Lunéville à l'expiration de sa quinzaine de liberté, accompagné jusqu'à la forêt de Faux par la mère Queurine, qui avait peine à la quitter.

Les Gardes-Lorraines faisaient le service extérieur du château de Lunéville le 5 février 1766, jour même où le roi de Pologne fut victime de l'affreux accident dont il mourut le 23 février suivant, après dix-huit jours de souffrances inouïes. On sait que Stanislas, fumant sa pipe vers six heures du matin, devant un feu qui flambait dans sa cheminée, fût brulé par les flammes qui avaient atteint sa robe de chambre, et qui l'avaient enveloppé en un clin d'œil. Malgré ses appels, le valet de chambre arriva trop tard près de son maître, dont les brûlures étaient fort graves.

Denis-Pierre de Baudouin, son page favori, fut tellement affecté de cet affreux malheur, que, pendant plusieurs années, rien ne pouvait le consoler.

Stanislas était vénéré dans toute la Lorraine. A juste titre, il mérita le surnom de *Bienfaisant* que le peuple de son duché lui avait déjà décerné. Il aimait s'entourer de ses Gardes-Lorraines, qui, en retour, avaient la plus grande affection pour leur Souverain. Pendant tout le temps de leur service près de sa personne, il alloua 2 liards de gratification, par jour, à chaque soldat de ce régiment.

A la mort de Stanislas, l'antique et vaillante nation lorraine se fondit dans la grande nation française.

Mais les vieux habitants du pays regrettaient le *temps passé*. Sous le règne de l'insouciant et débauché

Louis XV, gendre de leur dernier souverain ducal, ils n'avaient plus confiance en l'avenir.

Leurs craintes et leurs regrets étaient bien légitimes, après avoir été gouvernés si sagement par Léopold et Stanislas. Ils répétaient souvent avec amertume, et toujours avec découragement :

« *Il n'y a plus de Lorraine !* »

TROISIÈME PARTIE

XXVII

Détails rétrospectifs sur les évènements locaux.

DEPUIS 1755, tous les membres de la communauté de Sornéville avaient continué leur train de vie habituel. Comme leurs pères l'avaient fait avant eux, ils poursuivaient, sans relâche, ce rude labeur du paysan lorrain, qui prend à peine, même en hiver, cinq à six heures de sommeil pendant la nuit, deux heures de repos dans la journée.

Debout aussitôt que la pointe du jour blanchit l'horizon, l'ouvrier campagnard est courbé sur le sillon depuis le lever jusqu'au coucher du soleil, subissant toutes les intempéries. Brûlé, en été, par les ardents rayons du soleil, ou trempé jusqu'aux os par les pluies d'orage, il poursuit stoïquement, incessamment, sa pénible tâche. Il n'est jamais sûr, cependant, que la récolte le dédommagera de ses fatigues : les gelées de printemps, les pluies fréquentes ou prolongées, la grêle, quelques semaines de sécheresse, — il a tout à craindre pendant la belle saison et vit dans des transes continuelles.

Il ne peut que s'en remettre à la Providence, et prier
Dieu de bénir ses travaux. Il ne trouve de repos que
durant la saison d'hiver. Car, battre en grange de
minuit à quatre heures du soir, pendant quatre à cinq
mois, ou passer ses journées, — quelle que soit la
température, — à abattre les arbres de la forêt et
façonner leurs branches, — n'est point une fatigue
comparable à celle qu'il éprouve pendant les interminables journées de juin et de juillet. Il subit tout sans
se plaindre, et s'avance ainsi vers la vieillesse sans avoir
connu la moindre des joies du monde qui s'amuse. Il
vit presque toujours isolé au milieu des champs, entouré
d'un vaste horizon ; et c'est précisément ce qui élève
son âme simple vers le Créateur, dispensateur des biens
de ce monde. S'il est étranger aux plaisirs malsains des
villes, il jouit, en compensation, du premier de tous les
biens : la paix de l'âme.

Dans sa solitude, sous le vaste ciel, il n'a pas d'autres
compagnons que les oiseaux qui gazouillent aux abords
des forêts, sur les buissons de la plaine, au dessus de
lui, dans les airs ; que les insectes qui courent à travers
les sillons ensemencés. Mais tous ces petits êtres
animés chantent ensemble les louanges de Dieu. Au
milieu de la campagne, loin du village, il oublie pour
quelques instants les amertumes de la vie, fortifie son
cœur et sa foi, brave courageusement les difficultés
de son labeur. Vers le soir, avant qu'il retourne à son
foyer, tous les bruits s'harmonisent, et il assiste, souvent tête découverte, les mains jointes et appuyées sur
son outil, au concert incomparable qui s'élève de la
terre vers les cieux. L'angelus du soir, qui tinte dans
le lointain, est le signal du retour. Et quand il rentre
chez lui, au crépuscule, le corps brisé mais l'âme
sereine, il se retrempe dans les douces joies de la famille,
dans le bien-être d'un repos bien gagné. Il goûte un
sommeil paisible et réparateur, et peut se remettre, le
lendemain, avec de nouvelles forces et une nouvelle
ardeur, au travail inachevé la veille.

Le labeur journalier était donc toujours le même ; mais des vides s'étaient faits dans les familles depuis dix ans ; des évènements notables avaient eu lieu.

Le 1er juillet 1758, le révérend père François avait rendu son âme à Dieu. C'était un saint pasteur, très jovial à l'occasion, mais très sévère aussi dans son ministère de curé de paroisse. Il avait, en particulier, la manie de donner des surnoms à tous les jeunes gens et à toutes les jeunes filles de Sornéville. D'ailleurs, l'habitude était générale de transformer un prénom en un diminutif plus familier. Ainsi :

François était remplacé par *Francis*, Fanfan ; — Nicolas, *Colin, Colon, Coliche* ; Léopold, par *Popol, Popiche ;* — Joseph, par *Joujou, Jeson, Jesat* ; — Claude par *Diadat, Dadiche*, etc.

Pour les femmes, Anne était remplacé par *Nannette*, Catherine, par *Catiche, Caton ;* — Marguerite, par *Guiguite*, ou *Goton ;* — d'Elisabeth, on faisait *Babeth* ou *Bibeth ;* — de Barbe, *Bibi*, etc. Les cadettes étaient appelées *sœurettes*. Le fils aîné de chaque ménage n'était jamais désigné par son prénom, mais par le nom de famille. Presque toujours un prénom d'homme était accompagné de celui de *Jean* ; il y avait beaucoup de Jean-Claude, Jean-Pierre, Jean-Nicolas, etc.

Le père François, qui avait exercé son saint ministère à Sornéville pendant 31 ans, — de 1727 à 1758, — fut remplacé à la cure par un religieux de son ordre, le père Léopold Lebel, qui, lui-même, administra la paroisse et son annexe pendant 19 ans, jusqu'en 1777.

La même année que le père François, maître Thomas comparut devant le Souverain Juge. Le curé et le maître d'école avaient exercé ensemble leurs fonctions pendant treize ans, se secondant mutuellement pour élever la jeunesse, moraliser la population, et maintenir les excellentes et pieuses traditions des ancêtres.

Le nouveau *régent* agréé par le conseil des Echevins
fut Joseph Willemin, qui dirigea l'école pendant 27
ans, — de 1758 à 1785.

XXVIII

Une noce au village

ETTE même année encore, 1758, le fils du seigneur, qui signait « *Denis-Pierre de Baudouin de Sornéville* » était entré comme page à la cour de Sa Majesté Stanislas Leczinski.

Enfin, en 1760 avait eu lieu le mariage de sa sœur *Renée*. Ce fut un évènement extraordinaire dans la paroisse. On n'y avait jamais vu pareille affluence de personnages titrés et de nobles dames. A cette occasion, toute la population de Sornéville prit part aux réjouissances du château. C'était de tradition. Les noces durèrent deux jours, pendant lesquels tous les paysans, endimanchés comme aux grands jours, furent traités, par messire et madame de Baudouin, de la façon la plus gracieuse. D'immenses tables avaient été dressées, pour les vassaux, dans les dépendances de la vieille demeure seigneuriale, et toutes les familles, au complet, s'y étaient rendues.

Voici comment était réglé le cérémonial d'un mariage à la campagne, et à Sornéville en particulier. Les nobles époux s'y soumirent de bonne grâce. Le mariage civil, en ce temps-là, n'était point encore connu. On se con-

tenta du mariage religieux jusqu'au moment où parut
le décret de la Convention du 23 septembre 1792.

Après s'être formé au domicile des parents de la
fiancée, le cortège se rendait à l'église, à pied, deux à
deux, chaque *valentin* ayant au bras sa *valentine*. En
tête, marchait la future mariée, conduite par son père,
ou par celui qui lui tenait lieu de *père* pour la circonstance ; puis venait le marié, qu'accompagnait de même
son père ou son tuteur ; ensuite le *garçon d'honneur*
avec la *fille d'honneur*, — plus proches parents, ou, à
défaut, plus intimes amis des jeunes époux. Enfin suivaient les jeunes couples ; l'arrière du cortège comprenait les hommes et femmes mariés.

La cérémonie religieuse terminée, on retournait à la
maison des parents du jeune époux, toujours dans le
même ordre. Mais alors, les nouveaux conjoints mar-
chaient en avant, puis le père du marié avait au bras la
mère de sa bru, — et le père de la mariée conduisait la
mère du gendre.

Pendant la messe, au moment où, à l'offrande, on
passait derrière l'autel, le garçon d'honneur recevait de
la mariée un ruban, — improprement appelé la *tricatte*
(la jarretière) de la nouvelle épouse, et, pendant le repas
qui suivait, découpait ce ruban, dont les morceaux
étaient distribués à tous les gens de la noce. On s'en
parait, comme d'une décoration, à la boutonnière.

C'était la coutume, sauf de rares exceptions, de faire
le festin des noces chez les parents du marié. Alors, au
retour de l'église, tous les invités s'arrêtaient au seuil
du logis ; la mère du jeune époux se présentait, offrait
à l'épousée un œuf (1), lui faisait un compliment de
bienvenue, l'embrassait, puis jetait, à la foule des
curieux, le contenu d'une corbeille, dans laquelle elle

---

(1) *L'œuf* était donné comme symbole de fécondité, de postérité

puisait à pleines mains, et où elle avait mélangé de la menue monnaie et des grains de blé, — symbole de prospérité et d'espérance pour le futur ménage.

Immédiatement après, la mariée remplaçait sa belle-mère sur le seuil, et pas un invité n'entrait sans l'avoir baisée sur les deux joues, — les *valentines* d'abord, les *valentins* ensuite. Et tout le monde allait prendre place aux tables dressées pour le festin.

En revenant de l'église, et durant tout le trajet, les gars de la noce lançaient à la foule, à pleines poignées, des dragées que les enfants ramassaient dans la poussière ou la boue du chemin.

Pendant le dîner, les jeunes gens occupaient des tables distinctes de celles des gens mariés. Les nouveaux époux étaient, parmi ces derniers, à la place d'honneur. Au moment du dessert, filles et garçons venaient solliciter la faveur d'avoir encore quelques instants, au milieu d'eux, le couple dont on fêtait l'union. Mais il fallait alors le *racheter*, — obtenir l'autorisation de les soustraire aux *anciens*, — par demandes cérémonieuses, apprises d'avance et adressées aux pères, qui exigeaient, comme rançon, des chansons et des romances chantées par les jeunes filles présentes.

Si les anciens se montraient trop exigeants pour ce rachat, de robustes gars enlevaient, à force de bras, les mariés, qui allaient passer le reste de la séance au milieu des invités de leur âge.

Le Chevalier de Baudouin, à cette époque en résidence à Bruxelles pour le service du roi, en raison de sa charge de Commissaire-Ordonnateur des guerres, revint tout exprès à Sornéville pour présider au mariage de sa fille.

Mademoiselle Françoise-Louise-Renée de Baudouin de Pleneuf, âgée de dix-huit ans, et dont la mère, dame Marie-Henriette Berthelot de Pleneuf était morte depuis plusieurs années, épousait messire Joseph-Michel de Cœur-de-Roy, âgé de vingt-deux ans, Conseiller au

parlement de Bourgogne. Il était fils du chevalier
François de Cœur de Roy, Président au même parlement, — et de dame Jeanne de Mailly, d'une ancienne
et illustre maison de Lorraine. Tous trois habitaient
sur la paroisse St-Nicolas, de Dijon.

La bénédiction nuptiale fut donnée par Jacques-Marc-
Anthoine de Mahuet de Lupcourt, chanoine de la primatiale de Lorraine, à Nancy, en présence du révérend
Léopold Lebel, curé de la paroisse. L'acte de mariage
fut signé par les parents des époux et les personnages
marquants de la vieille Lorraine. Il y avait, entre
autres, — Denis-Pierre de Baudouin de Sornéville,
frère de la mariée ; — Pierre-François de Rutant,
capitaine au service de Leurs Majestés Impériales, frère
de dame Françoise ; — Charles-Joseph, comte de
Rosières ; Joseph-Anthoine, baron de Mahuet, etc.

Pour les noces, on suivit le même cérémonial, les
mêmes coutumes anciennes que pour les mariages entre
paysans. Après le repas du soir, on dansa dans le
parterre, — vaste terrain attenant au château et dont
une partie était plantée en vigne, une autre en verger,
une troisième cultivée en potager. Au centre du *parterre*,
et contournée par une large allée qui conduisait jusqu'à
la *Tournelle*, à l'extrémité nord, — se trouvait une
grande pelouse de forme circulaire, au milieu de laquelle
plusieurs ménétriers, juchés sur des tonneaux vides,
jouaient du violon, de la clarinette et du basson. Les
nobles hôtes et les jeunes époux dansaient avec les
paysans.

Comme on était au 23 septembre, moment de
l'équinoxe d'automne, les nuits étaient tièdes et lumi-
neuses. Les domestiques du château se tenaient autour
de la pelouse ayant en main des torches de résine. Les
grands travaux des champs terminés, la récolte ayant
été copieuse, et les vignes, chargées de grappes noires
et déjà mûres, annonçant pour la semaine suivante, une

belle vendange (1), les villageois se livraient au plaisir sans la moindre arrière-pensée.

Le souvenir de cette belle journée et des réjouissances populaires qui eurent lieu à l'occasion de ce mariage, resta longtemps dans la mémoire des habitants de Sornéville.

---

(1) Le vin fut abondant et d'excellente qualité en 1760, non-seulement en Lorraine, mais dans toute la France. (Annales du Ministère de l'Intérieur.)

XXIX

La terre de Sornéville change de maître.

ERS 1772, le chevalier de Baudouin n'ayant plus auprès de lui son fils, qui avait suivi la cour, tantôt à la Malgrange, tantôt à Lunéville, pour y remplir ses devoirs de page, jusqu'en 1766, et qui était ensuite entré dans une compagnie de Mousquetaires ; — ni sa fille, qui habitait Dijon depuis son mariage, résolut de vendre sa belle terre de Sornéville.

Le nouveau seigneur haut-justicier fut *Jean-Baptiste-Edme Pernot de Fontenelle*, écuyer, — ancien mousquetaire de la 2ᵉ compagnie de la Garde du roi. Son épouse s'appelait Elisabeth Adélaïde-Benoît de la Mothe.

Ils firent leur entrée solennelle à Sornéville, selon l'antique usage, un samedi d'octobre, après les vendanges. Ils venaient de Dieuze, lieu de leur résidence habituelle.

L'heure de l'arrivée était connue. Toutes les jeunes filles de la paroisse vinrent en procession jusqu'à l'entrée du bois de la *Champelle,* que traversait le chemin de Marsal. Elles étaient entièrement vêtues de blanc, et portaient en mains des bouquets de fleurs d'automne. Le Conseil communal se rendit au même endroit. Il s'agissait de recevoir dignement, et suivant une vieille tradition locale, les nouveaux maîtres du domaine.

Les paroissiens attendirent à la limite du territoire.

Messire et la dame de Fontenelle parurent bientôt et firent arrêter leur carosse. Une des jeunes filles s'avança, fit un joli compliment, préparé d'avance par le père Lebel et appris par cœur pour la circonstance ; elle présenta son bouquet à la Dame, tandis qu'une de ses compagnes offrait le sien au seigneur et maître. Puis toutes les autres apportèrent les fleurs qu'elles avaient. Il restait à peine assez de place dans le carosse pour les ranger.

Les notables s'approchèrent à leur tour, offrirent leurs hommages aux nobles époux. Le maire leur souhaita la bienvenue, présentant le *pain*, le *sel* et un *chapon* en signe de vassalité.

Le seigneur déclara qu'il acceptait toutes les chartes et privilèges dont jouissaient les habitants de Sornéville sous les derniers maîtres de la terre seigneuriale, et qu'il ne serait rien changé aux coutumes et franchises locales. Il remercia les notables et les jeunes filles du gracieux accueil qu'il en recevait. Puis le carosse se remit en marche, suivi jusqu'au village par le nombreux cortège qui était venu saluer les nouvaux maîtres à la limite de leur domaine.

Avant de prendre possession du vieux manoir, ils se présentèrent devant la petite église, sous le porche de laquelle les attendait le vénérable pasteur, avec le surplis et l'étole, pour leur offrir l'eau bénite, et les introduire dans le banc seigneurial. Après une courte prière, ils entrèrent enfin au château, aménagé et meublé quelques jours auparavant, et où se trouvait déjà le personnel domestique.

Et c'est ainsi que, de temps immémorial, on recevait le seigneur lorsque la terre passait en d'autres mains.

Messire Pernot de Fontenelle continua comme il l'avait promis, les us et coutumes du temps de ses pré-décesseurs. Mais la vénération des habitants pour le

chevalier de Baudouin et dame Françoise de Rutant ne
se reporta point d'abord sur leur successeur. La confiance semblait avoir disparu : elle ne s'acquiert qu'après
des années de sollicitude et de bienveillance (1).

Les paysans corvéables voulurent attendre et voir
venir.

---

(1) Voir la note A, à la fin de l'ouvrage.

XXX

Jean Aubry achève sa carrière militaire.

Nous ne suivrons pas Jean Aubry dans toutes les étapes de sa vie militaire : nous manquons de documents à cet égard.

Après le départ des Gardes-Lorraines de Lunéville, le régiment de *Royal-Italien* ayant été reconstitué et formé de deux bataillons au lieu d'un, Jean y fut nommé lieutenant en 1767.

Le *Royal-Italien* avait été levé en 1671, partie en Italie, partie en Piémont, au nombre de 4,000 hommes. Son premier colonel fut Magalotti. Le régiment fut commandé ensuite, et successivement, par le comte d'Albergotti, puis le marquis d'Albergotti, son neveu ; par le marquis de Monti, le prince de Carignan, etc. (1)

L'uniforme était : *habit gris blanc ; veste, culotte, parements et retroussis bleu céleste ; boutons et boutonnières jaunes ; chapeau bordé d'or.*

Le drapeau de la *compagnie colonelle* était *blanc*, et *croix blanches semées de fleurs de lis d'or* ; — ainsi que

---

(1) Le Royal-Italien devint, en 1791, le régiment d'Orléans ; en 1820, la Légion du Doubs. C'est aujourd'hui, si nous sommes bien informé, le 44ᵉ de ligne.

ceux d'ordonnances — qui étaient *rouge et brun, dans chaque carré,* par opposition.

C'est dans ce régiment que Jean Aubry acheva sa carrière de soldat.

Quirine Rougieux, sa mère, mourut le 1er février 1775 ; son fils aîné, Joseph, lui ferma les yeux : Jean était trop éloigné pour venir lui rendre les derniers devoirs. Mais la brave femme avait eu, l'année précédente, la joie d'apprendre que son *officier,* comme elle l'appelait, était nommé capitaine de grenadiers dans son nouveau régiment (1).

Messire de Fontenelle fit démolir, en 1780, le vieux manoir pour le remplacer par une résidence plus spacieuse et mieux appropriée aux goûts de l'époque. L'ancienne demeure seigneuriale, aux murs lézardés, couverte de tuiles plates, dont les hauts pignons menaçaient ruine, fut bientôt rasée. Le nouveau château, — qui existe encore, — était plus élégant, avec ses ardoises bleues, ses larges fenêtres, sa vaste cour d'honneur.

---

(1) Les *grenadiers* étaient des soldats armés d'un bon sabre, d'un fusil avec bayonnette ; ils étaient munis d'une gibecière pleine de *grenades.* La *grenade* était une petite boule creuse, en fer *très cassant,* remplie d'une poudre fine, qui prenait feu par une mèche placée à la lumière. Elle se jetait à la main dans des endroits où les soldats ennemis étaient *pressés en nombre,* ou dans les tranchées où ils étaient nombreux.

Les grenades furent inventées sous le règne de François Ier. Chacun de ces petits engins de guerre pouvait contenir 5 onces de poudre (150 grammes environ). Elles étaient de la grosseur et du calibre d'un boulet de 4 livres, ayant 2 pouces 8 lignes de diamètre et 4 lignes d'épaisseur.

Autrefois, chaque compagnie d'infanterie avait 4 ou 5 grenadiers, que l'on détachait pour former une compagnie spéciale de 50 hommes postée à la tête du bataillon. Plus tard, chaque bataillon eut sa compagnie de grenadiers, d'un effectif égal à celui des autres compagnies ; mais les grenadiers formèrent toujours l'élite du bataillon : ils étaient tirés, *au choix,* des autres compagnies.

(Dictionnaire militaire de 1758, — tome 2).

Les dépendances furent augmentées d'une serre, d'habitations pour les gardes, les jardiniers, les vignerons. Une galerie faisait communiquer le premier étage du corps de logis principal avec les cuisines, aménagées dans un bâtiment distinct, formant l'aile gauche de la cour d'honneur.

Pendant les trois années que durèrent les travaux des constructions nouvelles, messire de Fontenelle habita Nancy ou Dieuze.

En même temps que l'on rebâtissait le château, la tour de l'église fut remplacée par la tour actuelle ; puis l'église elle-même, trop petite, fut rebâtie à neuf (1).

Malheureusement, Madame de Fontenelle ne jouit pas longtemps de cet agréable séjour. Le 1er novembre 1784, son corps était ramené de Nancy à Sornéville. Jean Aubry, qui s'y trouvait alors, signa l'acte d'inhumation, ainsi que François Pernot du Breuil, capitaine d'infanterie au régiment de Beaujolois, — frère de messire de Fontenelle.

La dame de Sornéville était décédée à Nancy le 23 octobre 1783, laissant une fille, Adélaïde, et deux jeunes fils, dont l'un était encore sous la garde de la nourrice, — celle que l'on appela, plus tard, la mère Labreuvoit, ou la *Meunière*. Le père Labreuvoit, son mari, avait tenu longtemps, au compte du seigneur, le moulin banal.

Le dernier fils, *Claude-Louis de Fontenelle*, mourut à Nancy le 13 avril 1866, à l'âge de 85 ans, en son domicile, 24, rue de la Primatiale. Il est qualifié, dans son acte de décès, *écuyer*, ancien *Commissaire des Salines*.

Il paya régulièrement, jusqu'à la mort de sa nourrice, une pension annuelle à la bonne paysanne qui l'avait élevé. Son frère, Commissaire des poudres et salpêtres, s'était retiré à Salins, dans le Jura.

Le révérend père Lebel mourut en 1777 et fut remplacé, pendant un an et par commission, par le père Laurent, prêtre cordelier du couvent de Vic. Il y eut,

_____

(1) Voir la note A, à la fin de l'ouvrage.

l'année suivante, Jean Fischer, chanoine régulier de
Marsal ; — puis de 1778 à 1790, le père Quentin, du
même ordre, administrateur très populaire, qui subit
les épreuves infligées aux maisons religieuses, à l'époque
de la Révolution. En 1793 et 1794, il revint plusieurs
fois à Sornéville (1), en cachette, sous l'habit civil. Il
célébrait la messe clandestinement, dans une cave ou
un grenier, mariait les fiancés, baptisait les enfants, et
disparaissait pour quelque temps.

Parmi les régents d'école, le successeur de Joseph
Willemin fut Pierre Martel, de 1785 à 1786, année où
il mourut, laissant sa charge à Nicolas Gallier, originaire de Sornéville, et qui exerçait auparavant les
mêmes fonctions à Athienville. Il les remplit à Sornéville jusqu'au 1er septembre 1818.

---

(1) En l'absence du nouveau curé, l'abbé Ancel, qui avait été
obligé de fuir après dénonciation.

XXXI

Retour au village

Par ordonnance du 8 août 1784, sous le ministère de Ségur, on créa l'infanterie légère, composée de bataillons de chasseurs attachés aux régiments de chasseurs à cheval. Cette nouvelle organisation fut confiée aux officiers les plus distingués des compagnies de grenadiers, c'est-à-dire des compagnies d'élite.

A cette occasion, Jean Aubry, un des mieux notés, fut chargé de former le premier bataillon d'infanterie légère, dont il devint commandant par intérim. Lorsqu'il rentra dans ses foyers, en 1790, l'administration lui octroya le grade de *Major*, avec la pension de retraite y afférente. On ne le désigna plus, que sous le titre de *Major Aubry*.

Environ deux ans après, le 12 ventôse, an II de la République, le vieux célibataire épousa Jeanne Mathieu, née le 10 avril 1743, veuve de Nicolas Lallement.

Jean Aubry fut assisté de son frère Anthoine, amodiateur et maire de Lucy ; de François Noirot, maréchalferrant, un des notables de l'endroit, — et de François Goury (1), juge au tribunal de Vic, — ces deux derniers résidant à Sornéville.

---

(1) Voir la page 187.

« Claude Goury, grand-père de ce François Goury, passait dans la paroisse pour un *voyant*, et on racontait autrefois, à son sujet, l'anecdote suivante :

« En 1681, le 29 octobre, Louis XIV, revenant d'Alsace, dîna à Champenoux avec sa femme Marie-Thérèse, et sa cour. Entre Moncel et Mazerulles, la route était sillonnée, en maints endroits, de profondes ornières. Claude Goury qui connaissait ces mauvais passages, partit ce jour-là de grand matin, une pioche sur l'épaule. Arrivé sur les lieux, il se mit avec ardeur au travail pour combler les ornières aux endroits les plus dangereux.

Le carosse du roi passa près de lui vers onze heures, et Louis XIV fit arrêter sa voiture. S'adressant au paysan :

— « Que fais-tu, lui dit-il ?

— « Sire, je savais que vous deviez passer ici aujour-« d'hui, et je suis venu égaliser la route pour faciliter le « passage de votre carosse.

— « Et comment savais-tu que je passerais ici « aujourd'hui. Tu lis donc la *gazette* ?

— « Je ne sais pas lire, et il n'y a point de gazette « qui arrive à Sornéville, ma paroisse. Mais je sais « d'avance, par une sorte de divination, une foule « de choses. Tenez, Sire, j'étais aussi sûr de votre pas-« sage à l'heure qu'il est, que je suis sûr qu'un cordon « de vos souliers a été mangé cette nuit, par un rat. »

Et c'était vrai.

Le roi, très étonné, devint songeur, donna une pistole au père Goury, et continua sa route.

La reine était elle-même très ébahie.

Louis XIV, après son dîner à Champenoux, alla coucher au château d'Essey et déjeûna (dinâ) le lendemain à Champigneulles, après avoir passé la revue des troupes françaises à Nancy.

Marie-Thérèse n'avait pas voulu s'arrêter en cette ville, à cause de la fièvre typhoïde qui y régnait. »

Jeanne Mathieu eut pour témoins : Nicolas Litasse, marchand boucher à Nancy, son cousin germain ; — Joseph Lallement, officier municipal et maire ; Jean-Claude Lemoine, menuisier, gendre de Jeanne, — tous deux habitants de Sornéville.

En 1793, Aubry se fit bâtir, près de l'église, une maison spacieuse. Nous nous rappelons avoir vu, dans notre enfance, sur la cheminée d'une des chambres du rez-de-chaussée de cette habitation, le portrait, peint à l'huile et de grandeur naturelle, du major Aubry.

Un peu plus tard, par application de la loi du 20 septembre 1792, il fut élu *agent communal*, *officier public*, pour recevoir et dresser les actes de l'état civil. Le premier acte qu'il signa en cette qualité, est daté du 28 thermidor an IV.

Un fait des plus regrettables, dû plutôt à l'ignorance qu'à la méchanceté, nous aimons le croire, eut lieu dans la commune de Sornéville en septembre 1893.

L'instituteur, Nicolas Gallier, s'était enthousiasmé des principes révolutionnaires. Profitant d'une époque où personne n'avait encore été désigné pour exercer les fonctions de maire, et où il était chargé lui-même, par le district, en attendant qu'une nomination régulière fût faite, de diriger les affaires communales, il entassa, entre sa maison et la fontaine, les principaux documents qui existaient dans les archives de la commune, et y mit le feu. Dans sa sottise exaltée, il ne voulait plus rien voir du passé.

C'était un acte de vandalisme que tous les honnêtes gens réprouvèrent. Mais personne n'osa rien dire, car on était alors sous le régime de la *Terreur*.

Une foule de titres et d'écrits précieux furent détruits, qui auraient aujourd'hui pour la commune, une valeur inappréciable. De cette manière est expliquée la disparition des actes de l'état civil de 1764 à 1775, ainsi que des titres de propriété de terrains appartenant à cette commune, loués à des particuliers. Ces derniers, en

l'absence de titres, en devinrent *légalement* propriétaires
après le temps de la prescription et les transmirent à
leurs héritiers. C'était, malgré tout, un vol manifeste.
La commune perdit ainsi, au moment de la liquidation
des biens de la noblesse, ses droits séculaires sur les
bois *Banaux*, pour le *marnage* et *l'usager*, droits qui
auraient pu être estimés, et compensés par une augmentation de la superficie des bois communaux des *Cent-
Chênes*.

Nous devons dire qu'à l'époque où le calme fut
rétabli dans le pays, Nicolas Gallier fit amende honorable et exprima son repentir. Mais les documents n'en
étaient pas moins perdus, et les terres injustement
détenues ne firent point retour à la communauté.

Lorsqu'il entendit les premiers grondements et les
premières clameurs révolutionnaires, Messire de
Fontenelle vendit son château de Sornéville, en 1791
ou 1792, au curé de la paroisse, l'abbé Ancel, par
l'intermédiaire d'un honnête habitant de la commune,
pour une somme de vingt mille livres. Après la Terreur,
le curé Ancel rentra au village, et céda, pour dix mille
livres, à la commune, une partie de la propriété, qui
devint alors et qui est encore aujourd'hui le presbytère.
Il conserva le reste pour lui, et le donna, plus tard, à
son frère, originaire, comme lui, de *Faxe*, près de
Delme ; les descendants de ce frère possèdent encore
une partie de cet héritage.

Jean-Joseph Aubry, qui avait une grande expérience,
administra sagement les intérêts qui lui avaient été
confiés. On a vu rarement un maire plus dévoué et
plus désintéressé. Il savait prévenir tous les conflits
et concilier les partis adverses. Tous les habitants
avaient la plus grande confiance en ses lumières et en
sa loyauté. D'ailleurs, sa position sociale, le grade dont
il avait joui, et sa personnalité, imposaient aux envieux
et aux turbulents. Il mourut à Sornéville le 10 mai 1811,
ne laissant point d'héritier direct.

Avant de mourir, il avait donné à l'abbé Odile, curé de la paroisse et successeur de l'abbé Ancel, et comme souvenir de son passé militaire, la glande d'or suspendue à son épée, — exprimant le désir que cette glande fût attachée à la clef du tabernacle du grand autel. On pouvait l'y voir encore il y a vingt-cinq ans à peine. Qu'est-elle devenue ?

Jeanne Mathieu, sa veuve, avait trois enfants de son premier mariage : un fils, Louis Lallement, qui se fit cultivateur ; — une fille, mariée à Jean-Claude Lemoine, menuisier, — tous deux habitants notables de Sornéville ; — un autre fils, l'abbé Lallement, qui fut curé de Tincry, près de Delme, et qui vint finir ses jours à l'hospice d'aliénés de Maréville, dont il était aumônier.

Lorsqu'elle fut devenue veuve du major, Jeanne Mathieu alla vivre près de son fils, le curé de Tincry. Elle mourut en cette paroisse en 1820, à l'âge de 77 ans.

Il ne reste plus, à Sornéville, aucun Aubry ; cette honorable famille y est complètement éteinte. Mais on y parle toujours avec respect, et même avec une certaine fierté, du Major, dont le père avait été *pâtre communal* ou *hardier*.

XXXII

Appendice

Dans les cinq ou six dernières années de sa vie, le major Aubry, toujours animé de l'esprit militaire, déploya la plus étonnante activité près des jeunes gens du village, appelés par le sort à servir dans les armées de l'empire. Avant leur départ pour le régiment, les recrues allaient lui demander conseil. Il les réconfortait, relevait leur courage abattu, faisait vibrer en eux la corde patriotique, et ne leur adressait point ses adieux sans avoir puisé dans sa bourse de quoi suffire à leurs premiers besoins. Après l'avoir vu et entendu, les futures victimes des guerres napoléoniennes s'éloignaient, de leurs familles angoissées, avec moins d'amertume, portant au cœur l'invincible espérance du retour.

Hélas ! combien, parmi eux, ne revirent jamais leur foyer ! Combien tombèrent sur les champs de bataille en prononçant, avec amour, le nom de leur mère adorée !

Les années 1808 à 1812 furent particulièrement meurtrières pour nos campagnes désolées. Pas un enfant valide ne restait pour la culture des champs ou pour les travaux de l'atelier.

Le Major avait dit : *Servir la patrie en danger est un devoir impérieux !* Et les pauvres jeunes gens, espoir des familles, fleurs de force et de virilité, s'en allaient grossir le nombre des victimes de la guerre.

C'est ainsi qu'en 1811 partirent de Sornéville deux conscrits vigoureux, pleins de vie et de santé, laissant leur père et leur mère dans la désolation : Nicolas *Gallier* et Louis *M....*

Le premier écrivit à ses parents, sept ou huit mois après, une lettre datée de Berlin, — la seule qu'il eût eu le loisir de leur envoyer. Il faisait partie de la *Grande Armée*, en route pour Moscou. Le pauvre villageois n'exhalait pas la moindre plainte, rassurait son père et sa mère sur sa vie de soldat, se rappelait au souvenir de ses compatriotes, et donnait même des conseils de bonne conduite à son unique sœur, âgée de onze ans.

Voici un fragment de cette lettre, que nous avons sous les yeux en écrivant notre dernier chapitre, et à laquelle nous tenons infiniment, car Nicolas Gallier était notre oncle, et sa sœur bien aimée fut notre bonne mère.

« Berlin, le 27 juillet 1812.

« Mes chers parents,

..... « Nous sommes partis de Besançon le 17 juillet,
« sommes restés quatre jours à Strasbourg, et, embar-
« qués sur le Rhin, sommes arrivés à Maïence et logés
« chez les habitants. Nous sommes enfin à Berlin, et
« toujours bien. C'est dommage que ça ne durera pas
« longtemps, car, de Berlin, on nous dit que nous
« avons encore 300 lieues à faire ; mais nous ne savons
« dans quelle ville nous irons. Je suis content de mar-
« cher. Nous sommes 130 du 2e régiment de la Médi-
« terranée, tous Lorrains ; et le plus éloigné de chez
« nous n'en est qu'à dix lieues. On va faire des grena-
« diers et des voltigeurs dans notre bataillon.

...... « Faites mes compliments à mon oncle et à mes
« tantes, cousins et cousines, parrain et marraine, à
« Léopold Morville et à Jean-Claude Goury...... « Je
« recommande à ma sœur d'être toujours bien sage !....
« Mon cher père, ma chère mère, ma bonne petite
« sœur, je finis en vous embrassant du profond de mon
« cœur, et suis pour la vie votre fils et frère. »

                            « Nicolas GALLIER. »

« (4ᵉ compagnie, 4ᵉ bataillon, 2ᵉ régiment de la
« Méditerranée.)

Le 4ᵉ bataillon, ci-devant Méditerranée, fut incorporé
au 37ᵉ régiment, — qui tient aujourd'hui garnison à
Nancy.

Cette lettre, qui date de 85 ans, est d'une écriture
nette, large et hardie, avec peu de fautes d'orthographe.

Elle ne fut suivie d'aucune autre. Malgré des démarches réitérées, le pauvre père ne parvint pas, dans la
suite, à connaître ce qu'était devenu le seul fils que la
Providence lui eût donné. Il est probable qu'il périt,
avec tant d'autres, dans cette effroyable guerre de
Russie, qui occasionna d'innombrables deuils en
France, et particulièrement en Lorraine.

L'autre conscrit de 1811, Louis M...., parti de
Sornéville en même temps que Gallier, revint à son
village longtemps après ; mais en quel état !

Un dimanche de carême 1845, lorsque la presque
totalité des habitants de la paroisse sortait des vêpres,
vers trois heures après midi, un vieux soldat montait
péniblement, pieds nus, les souliers sur l'épaule, la
grand'rue du village, appuyé sur un gros bâton d'épine,

ayant le sac au dos. Il portait la capote gris sombre des fantassins de l'empire, était coiffé du bonnet de police de la même époque. Ses effets militaires paraissaient avoir été soigneusement conservés. La figure du voyageur était maigre, sans barbe, les traits tirés ; mais, par l'habitude de l'obéissance et de la correction militaires, il se redressait fièrement dans son vieil uniforme.

Arrivé sur la place de l'église, il s'arrêta, se découvrit et fit un grand signe de croix.

Il fut bientôt entouré et questionné.

A cette époque, encore, on ne voyait au village que de loin en loin l'uniforme militaire. Le service alors était de sept ans. Un grand nombre de Lorrains, braves et dévoués comme leurs ancêtres, guerroyaient en Algérie contre les hordes fanatiques de l'émir Abd-El-Kader. Il n'y avait point de chemin de fer. Les jeunes gens étaient incorporés dans des régiments tenant garnison au loin ; on leur accordait un congé de semestre vers la fin de la quatrième année de service, et ils étaient obligés de faire à pied, la longue route qui les amenait au foyer paternel.

C'était toujours un évènement lorsqu'un soldat revenait en congé de semestre chez ses parents. Mais que ce soldat fût vêtu, en 1845, du vieil uniforme des troupes de l'empire, le fait devenait extraordinaire, inouï.

On fit donc cercle autour du voyageur, et les questions se pressèrent. On était intrigué au plus haut point.

— « Qui êtes-vous ?

— « D'où venez-vous ?

— « Où allez-vous ?

— « Je suis un enfant du village. Je viens revoir le « berceau de mon enfance. J'ai quitté la Sibérie, où « j'étais interné depuis 1812 et où j'ai travaillé dans les « mines. Depuis plus d'un an, je suis en route ; exténué

« de fatigue, je désire le repos après un si pénible
« voyage. Indiquez-moi une auberge ; c'est, pour moi,
« ce qu'il y a de plus pressé. »

Et il se rendit au cabarêt Besner, près de l'église.

Les anciens du village, — ceux surtout dont les fils
avaient fait partie de la Grande Armée et qui, pour la
plupart, n'étaient point revenus et n'avaient pas donné
le moindre signe de vie, — s'empressèrent, le soir et le
lendemain de ce jour mémorable, de voir le vieux
soldat. Notre aïeul, Pierre Gallier, y vint le premier,
parce qu'il était le plus avide de nouvelles. Il avait
toujours espéré que son fils Nicolas pouvait lui revenir.

— « Je suis Louis M...., né à Sornéville, dit le
« pauvre exilé. J'avais des frères : existent-ils encore ? »
« Ont-ils quitté Sornéville, — ou sont-ils morts ? »

— « Si vous êtes Louis M...., vous retrouverez
« vos frères, qui habitent toujours notre paroisse. Mais
« qui peut nous assurer que vous êtes bien notre
« compatriote ? Des papiers, on peut en avoir d'un
« camarade mort en exil. Que faisiez-vous au moment
« de votre départ pour l'armée ?

— « J'étais valet de ferme chez Thouveny. »

A l'époque de l'enrôlement du jeune conscrit,
Thouveny était précisément le cultivateur de Pierre
Gallier.

— « Quels étaient les noms de ses chevaux ? »

Et le vieux soldat, sans hésiter, les désigna avec la
plus grande exactitude.

Il n'y avait pas à douter. Ce vétéran avait réellement
habité Sornéville autrefois.

Après avoir donné des détails précis sur les personnes
et les choses d'il y avait 34 ans, il se hâta d'aller trouver
ceux qu'il disait être ses frères. Ceux-ci ne voulurent

point reconnnaître en lui un membre de leur famille, malgré tous les témoignages qu'il leur donnait de son identité.

En apprenant la façon dont le vieux soldat avait été reçu par ses frères, tous les habitants du village furent indignés.

Le pauvre vieil exilé revint à l'auberge, péniblement affecté de la réception qui lui était faite par ses proches. Il y resta huit jours, — ou dix au plus, — pour jouir encore, non plus de la présence de ses frères, mais du lieu si cher où s'était écoulée son enfance.

Puis après avoir soldé sa dépense, il s'en retourna, toujours à pied, vers Paris. Qui pourrait dire la peine profonde qu'il ressentit en son âme ! Etre renié des siens au moment où l'on pense à l'extrême joie de les revoir, après plus de trente années de souffrances inouïes : quelle douleur atroce !

Au moment de son départ il exprima l'espoir d'entrer aux Invalides, mais avant de quitter pour toujours le lieu de sa naissance, il alla au cimetière prier sur la tombe de ses parents et sur celle du major Aubry ; ce fut dans un sanglot qu'il prononça son douloureux adieu !

Il partit le cœur gros, les larmes aux yeux, avec le profond regret d'avoir été repoussé par une famille sur laquelle il avait compté pour la tranquillité de ses vieux jours. Et en s'en allant, il laissa entendre que, depuis trente-trois ans il avait amassé, copeck à copeck, sur le mince salaire dont son rude travail avait été rétribué, une somme importante. Cette somme était suffisante pour lui assurer une existence paisible : il ne voulait point être une charge pour ses parents. Mais il fut douloureusement affecté de leur oubli, et de l'insistence qu'ils mirent à déclarer qu'il n'étaient point leur frère.

On n'entendit plus parler de lui. .

Tous les anciens du village — et nous sommes du nombre — se rappellent cet évènement et peuvent l'attester.

FIN

Note A.

Dans les registres d'état civil de Sornéville, on trouve la relation suivante, écrite en 1789 par le curé du lieu, le R. P. Quentin, relation qu'il a signée et que nous avons le plaisir de transcrire textuellement ci-dessous :

« Histoire de la réédification de l'église
de Sornéville

« Les habitants de Sornéville s'étant plaints à l'évêché
« que leur église était insuffisante, Monseigneur en fit
« faire la visite par M. l'abbé Moreau, doyen de Vic.
« Sur son rapport intervint un décret qui ordonnait que
« l'église serait reconstruite ou réparée de manière
« qu'elle pût contenir aisément les habitants de Sorné-
« ville et une partie de ceux de Moncel. Le curé
« employa tous les moyens imaginables pour conserver
« le chœur, qui n'était rebâti que depuis 28 ans ; mais
« il fut obligé de céder à la maxime qui veut que
« l'accessoir (sic) cède au principal. On ne pouvait
« agrandir ou élargir l'église sans la rendre diforme (sic).
« Il fut donc décidé que l'église serait rasée et recons-
« truite à neuf. On commença à la démolir le lendemain
« de la Fête-Dieu 1784, et on travailla avec tant de
« célérité que la nouvelle fut couverte pour la mi-
« novembre de la même année.
« La première pierre fut posée le jour de la St-Pierre
« sur le pilastre à gauche en entrant, du côté de l'autel

« de la Vierge, et bénite par le curé du lieu. M. Gonot,
« archipêtre de Marsal et curé de St-Médard, fit la
« bénédiction de l'église le 23 novembre de la même
« année, et on a continué depuis à y célébrer l'office
« divin. On a mis dans le creux de la première pierre
« un sou de France frappé cette même année pour
« servir de médaille, et une petite bouteille renfermant
« un petit rouleau de papier où sont écrits le jour, le mois,
« l'année de la position de la première pierre, avec les
« noms du curé, du procureur de Domêvre, du maire,
« du syndic de la commune, et celui de l'entrepreneur.
« La première pierre est environ trois pieds et demi
« au-dessus du pavé.

« Le curé seul a reconstruit le chœur suivant l'usage
« de la province et du diocèse dans notre archiprêtré en
« Lorraine. Il lui a coûté 75 louis d'or. La nef avec les
« vitraux et les lambris à MM. de Domêvre mes co-
« décimateurs, 200 louis. La sacristie, le pavé et les
« planchers de la nef, avec la tour, ont coûté à la com-
« munauté environ 1.000 livres de Lorraine.

« M. de Fontenelle, seigneur du lieu, du consente-
« ment du curé a fait construire un oratoire à côté du
« chœur, appuyé sur le mur du premier pan coupé. Il a
« donc payé la moitié de ce mur. Mais cet oratoire est
« posé sur l'ancien cimetière, par conséquent sur le
« terrain de la communauté.

« Il a fait présent du grand autel et l'a fait peindre à
« ses frais. Il est de pierre de taille. Non content d'avoir
« un oratoire, sous lequel il a fait creuser un caveau
« avec toutes les dimensions requises, il demanda au
« curé et à la communauté la permission de faire un
« pont couvert pour aller de plein pied de son château
« à l'oratoire. On le lui refusa, sans doute parce que ce
« pont couvert devait empêcher la communication
« autour de l'église et par conséquent la procession à
« l'extérieur suivant l'usage. D'ailleurs ce refus était
« fondé sur un décret de M. de St-Simon, évêque de
« Metz, qui n'avait accordé un oratoire à la Dame

« Baudouin, dans l'ancienne église, qu'à la condition
« qu'il ne gênerait pas la procession. Deux fois, il fit
« venir M. l'archiprêtre par ordre de l'évêché, et deux
« fois il perdit ses peines, l'évêché ne voulant rien
« accorder que conformément au décret de M. de
« St-Simon, et au désir du curé et de la communauté.
« Enfin, à force de sollicitations, il extorqua un décret
« de l'intendance qui lui permettait de bâtir un pont
« couvert à condition qu'il ferait faire une porte
« derrière le chœur, au midi, et une autre au couchant,
« à côté de la tour. Il est évident que ce décret est nul
« de plein droit. Les intendants ne sont que tuteurs
« des communautés ; ils ne peuvent donc pas disposer,
« surtout sans raison et contre le bon ordre, du terrain
« d'une communauté sous son consentement. La nôtre
« aurait donc empêché la construction de ce pont cou-
« vert, ou l'aurait fait renverser si la crainte d'offenser
« l'intendant, qui aurait pu l'écraser de corvées ou
« d'autres charges, ne l'eût arrêtée. Bien disposée à
« faire valoir ses droits dans un temps plus heureux,
« qui heureusement n'est pas éloigné.

« Le dit seigneur, craignant l'avenir, proposa ensuite
« à la communauté d'échanger le cimetière avec un
« pré q'il avait acheté à des particuliers de Hoéville
« qui en payaient le vingtième sans en jouir, la com-
« munauté de Sornéville en ayant toujours joui.
« Quelques habitants eurent la faiblesse de signer ce
« projet d'échange, mais les autres ont refusé de le faire,
« en sorte que l'acte n'a pas été passé. Le cimetière est
« donc toujours à la communauté ; le seigneur a donc
« bâti sur un terrain qui n'est pas à lui. Cependant, le
« dit seigneur se regardant comme maître du cimetière
« s'en est emparé, a fait planter une haie de charmille,
« appuyée sur le mur de la nef, à la hauteur de dix pieds,
« contre la promesse formelle, qu'il avait faite de n'y
« faire aucune plantation, et cela au printemps de cette
« année 1789. Il y a fait planter aussi deux lignes de
« coudriers et s'en est fait ainsi un petit jardin de

« plaisance. La communauté est donc en droit de faire
« arracher toutes ces plantations de faire démolir le
« pont couvert, après quoi le curé pourra faire la
« procession autour de l'église.

« Quant à la décoration de l'église, on y a reposé
« le retable de l'ancien chœur et ceux des petits autels,
« qu'on a fait repeindre.

« Les tombeaux des petits autels, peints en marbre,
« sont de pierre de taille : ils ont coûté 13 louis avec
« les peintures. Les bancs, qui sont à la charge de la
« communauté, ont coûté 740 francs de Lorraine en y
« comprenant la chaire à prêcher, les deux petites
« tablettes qui sont à côté de l'autel et le banc des
« échevins. Le curé a fait faire la petite estrade qui
« supporte les cierges, il n'y était pas obligé. Le banc
« des chantres est de l'ancienne église, de même que
« les armoires de la sacristie. Parce que les domestiques
« du seigneur occupaient les deux premiers bancs de
« la nef dans l'ancienne église, il en a fait faire deux à
« ses frais, dans la nouvelle, et la communauté l'a
« souffert. Comme il était en possession d'avoir un
« banc dans le chœur, comme seigneur haut justicier,
« il en a fait faire un depuis la reconstruction.

« Notre église ayant été volée la nuit de l'Ascension
« au jour suivant, l'an 1789, la communauté, autorisée
« par le bureau intermédiaire et l'intendant a acheté
« un ciboire pesant 25 onces et quelque chose, avec un
« petit ciboire ; le tout, au titre de Paris, coûte 300
« livres cours de France. Le soleil, qui n'a pas été volé,
« est fort beau pour une église de campagne. Messieurs
« les décimateurs nous avaient envoyé un calice de cui-
« vre ; mais sur notre refus, ils nous en ont donné un
« fort beau, qui est très bien doré. La patène ne l'est
« pas si bien.

« NOTA. — Les voleurs sont entrés dans la sacristie
« en forçant un barreau du *vitrau* (sic) qui regarde le
« château. Ils ont pris les clefs à leur place et les y
« ont remises après avoir fait leur coup. Ils ont même

« ouvert les fonts de baptême pour y trouver les boîtes
« d'onctions ; mais elles étaient en sûreté avec le soleil
« dans la maison de cure. Le ciboire n'avait été reporté
« à l'église que pour la communion et la bénédiction
« le jour de l'Ascension. On n'a pu rien découvrir sur
« les auteurs de ce vol, sinon qu'on avait vu rôder dans
« les bois voisins deux hommes de fort mauvaise mine.
« A leurs figures et à leurs habits, on a cru que c'étaient
« les mêmes qui avaient volé plusieurs églises du côté
« de Lunéville. On ne les a pas vus depuis notre vol.
« Dans (en) trois ans, on compte au moins douze églises
« volées dans les diocèses de Metz et de Nancy ».

Note B

Extrait de la carte topographique des bois communaux de Sornéville, faite en 1694 :

« Les maire, habitans et communauté de Sornéville déclarent qu'à la dite communauté appartiennent les bois icy figurés et contiennent, sçavoir :

		arp.	hom.	ver.
1º Celuy de *Michemont*, haute futaie		68	2	18
2º — des *Quarts*, âgé de 18 ans..		21	1	22
3º — de la *Cent-Chesnes*, 5 ans..		79	2	13
4º — de *Bannaux* (marnage et usagers) âgé de 6 ans.....		79	2	19
5º — d'*Aryfosse*, âgé de 3 ans...		25	5	13
6º — du *haut de Grandvelle*, 12 ans		74	4	26
7º — de *Matyfontaine*, 20 ans (Il y a bien 20 arpents à couper, et autres 20 arp. âgés de 4 ans ; le reste a 20 ans.		108	4	24
8º — du *revers de haut de Grandvelle*, 6 ans		28	2	1
9º — de la *haute Fourasse*, 15 ans.		31	6	24
10º — de la *basse Fourasse*, 12 ans.		63	7	16
11º — du *Champ-le-Loup*, 6 ans..		21	»	13
12º — des *Fourneaux-le-Maréchal*, un an.............		20	5	16
13º — de *Hailly-Fouilly*, 12 ans..		79	1	»
14º de la *Xevéz*.................		16	8	16
15º de la *Trizolière*.............		7	6	21
	Total......	725	4	17

« Tous ces bois sont plantez en grande partie de chesnes; il y a aussi des *hêtres*, des *charmilles*, de l'*Eraille* (érable), du *tyeul* (tilleul) et du *tremble*. »

Nous ferons remarquer, à la suite de la note ci-dessus, que nous avons scrupuleusement transcrite, que l'*arpent*, de 10 *hommées*, ou de 250 *verges*, équivaut à 20 ares 44 centiares; l'*hommée* à 2 ares 04 centiares, et la *verge* à un peu plus de 8 mètres carrés (8ᵐ18).

Parmi les bois qui sont énumérés dans le plan de 1694 et que la commune a possédés jusqu'à la Révolution, elle a perdu, ne pouvant plus justifier de ses droits, ses titres de propriété ayant été brûlés par Nicolas Gallier, les suivants, qui passèrent à différents possesseurs.

			arp.	hom.	ver.
Nᵒ 4 du plan.	Bois de *Bannaux*......		79	2	19
11	—	Bois du *Champ-le-Loup*	21	»	13
12	—	Les *Fournaux-le-Mar-réchal*............	20	5	16
15	—	La *Trizolière*........	7	6	21
		Total.....	128	5	19

ou, en mesures actuelles, 26 hectares 28 ares.

TABLE DES MATIÈRES

Troisième partie

www.ingramcontent.com/pod-product-compliance
Lightning Source LLC
Chambersburg PA
CBHW071944090426
42740CB00011B/1814